# MONTAHA HIDEFI

# DANDO VOZ A MI SILENCIO

**Mi lucha por el respeto entre Venezuela y Siria**

Publicado por primera vez en 2022 por OC Publishing
Halifax, Nova Scotia, Canada, www.ocpublishing.ca

Traducción al español y concepto de portada por Montaha Hidefi, www.montahahidefi.ca

Diseño del libro y maquetación interior por Creation Booth, www.creationbooth.com

Fotografía de portada por Breila Von Holstein-Rathlou, Breila Rose

Todos los derechos reservados bajo las convenciones internacionales de derechos de autor. Ninguna parte de esta publicación puede ser reproducida, almacenada o introducida en un sistema de recuperación, o transmitida de cualquier forma o por cualquier medio, sin el permiso previo por escrito de la autora.

ISBN - 978-1-989833-18-6 (edición de bolsillo)
ISBN - 978-1-989833-20-9 (edición electrónica)

Derechos de autor © 2022 Montaha Hidefi

## Dedicatoria

Para ti, que enmudeces por temor a hablar.

Espero que la voz de mi silencio sea el campaneo que te anime a abandonar el mutismo y consentir dar voz al tuyo.

*Montaha Hidefi*

# Prólogo

¿Alguna vez se te ha ocurrido interrumpir por un instante todo lo que estás haciendo y preguntarte cuánta valentía se necesitaría para atravesar la línea que te divide a ti, protagonista del espectáculo de tu vida, de los demás, los espectadores que te ven desempeñar tu propia obra teatral en el teatro de la vida? ¿Qué tal si asumes el papel de narrador en lugar de ser parte de la narrativa?

Durante los últimos años, llegué a comprender que hay dos tipos de narrativas: las que permanecen tácitas y reprimidas, y aquellas que resurgen inesperadamente para desafiarnos después de años de represión. Algunas de estas últimas pueden causar vergüenza al ser expuestas. Otras son como un frasco lleno de excrementos humanos, que cuando se destapa, el olor horrendo que emite permanece durante siglos.

Asumir el papel del narrador significa convertirse en espectador y despojar a todas las narrativas de su barniz, capa por capa, inspeccionando las partículas microscópicas que se ocultan dentro de los picos y valles de sus ondas. En tanto que narrador, uno asume la responsabilidad de mantenerse erguido y estar listo para aceptar las consecuencias, sin importar cuán despiadadas sean.

Durante la mayor parte de mi vida, en tanto que personaje principal de mis escenas, no pude tomar asiento en la sala de espectadores. Pero conseguí hacerlo al decidir dar voz al silencio que guardé por un periodo prolongado, por vergüenza y miedo a que no me creyeran y ser ridiculizada.

En la actualidad, tres años después de la publicación de la versión original de este libro en inglés, me siento liberada del peso que llevaba en mí. Ahora puedo sentarme en el centro del auditorio y ver los acontecimientos dramáticos de mi vida desfilar lúgubremente después de que los telones se abren para anunciar el espectáculo.

El proyecto de compartir mis historias en la forma de un libro empezó años atrás, pero no tuve ni tiempo ni valor para tomar este desafío. Para cuando cumplí cincuenta años quise hacerme un regalo y decidí comenzar a escribir, pero en aquel momento perdí mi trabajo y abandoné el proyecto en búsqueda de otro trabajo, el cual nos llevó a trasladarnos a Canadá. No fue sino hasta finales del 2017 que me animé de nuevo, gracias a la influencia del movimiento *MeToo,* el cual les ha permitido a muchas personas darle voz a su silencio sin ser ridiculizadas.

Este movimiento, junto con las mujeres valientes que se han atrevido a revelar sus terribles experiencias con conductas sexuales inapropiadas o con abuso por parte de estrellas de Hollywood, líderes de alto perfil y hombres en todas las posiciones en el lugar de trabajo y en todas partes, encendieron un fuego en mí que pensé se había apagado hace mucho tiempo y que se había desterrado a las cuevas internas de mi psiquis.

Comencé a prestar más atención a las noticias relacionadas con conductas sexuales inapropiadas. Por primera vez, que yo recuerde, mujeres casadas, divorciadas y solteras, de todas las edades y orígenes, estaban llenándose de valor para superar la humillación y la desgracia de revelar historias de violaciones sexuales perpetradas contra ellas.

Con cada historia que escuchaba se iba descubriendo dentro de mí una nueva recámara en mis profundidades internas, haciéndome recordar algún evento no deseado que yo había relegado a la oscuridad de un profundo precipicio al que pensé que nunca volvería a acceder. Me sentí aturdida.

Cada noche, cuando me iba a la cama y recostaba mi cabeza sobre la almohada, las historias se repetían en mi mente. A éstas les siguió un diálogo entre mi presente y mi pasado: "¿Qué vas a hacer?", preguntó el presente. "Nada", dijo el pasado. "Muchas de esas historias sucedieron hace mucho tiempo y algunos de sus antagonistas podrían ya haber muerto, entonces, ¿cuáles serían los beneficios de revelarlas?", resonó el pasado.

Me encontraba desgarrada entre el Yo que se había acostumbrado a ocultar historias por temor a enfrentar repercusiones adversas y el Yo que estaba viendo una oportunidad para finalmente liberarme de la vergüenza de esos momentos que sucedieron en tiempos y lugares en los que diferentes personas ejercían su poder y autoridad sobre mí.

Me sentí inquieta durante varios días y noches. Luego, poco después de mi cumpleaños, en la segunda semana de enero de 2018, un amigo mío llamado Karl nos visitó. Había conocido a Karl en 2010 como compañero de trabajo y manteníamos una relación de respeto mutuo desde la primera vez que nos encontramos. El año anterior, después de descubrir su interés por la música, le sugerí que saliéramos a cenar para que pudiera conocer a mi esposo, que es músico y compositor. Durante la cena intercambiaron historias sobre música. Después de terminar de cenar, mi esposo lo invitó a casa para mostrarle sus instrumentos musicales. Karl y yo tuvimos una conversación sobre Harvey Weinstein y las acusaciones de acoso sexual.

"Si yo hablara de mis propias experiencias, probablemente podría escribir un libro", dije.

Su reacción fue: "¡Deberías hacerlo! Aunque me puedo imaginar lo doloroso que sería para ti".

Tenía razón. Había borrado esos eventos de mi memoria, no solo por la humillación que me causaron cuando sucedieron, sino también por el estado de ánimo emocional en el que me pusieron en aquellos momentos. Traerlos al presente podría ser un proceso desafiante.

El tema permaneció en mi mente durante días y, contra todo pronóstico, una noche durante la última semana de enero, mientras estaba sentada frente al televisor escuchando más noticias sobre conductas sexuales inapropiadas, prendí mi iPad, hice clic en la aplicación Notas y comencé a enumerar los incidentes que iban surgiendo en mi mente como palomitas de maíz dentro de un microondas.

"Caramba", dije en voz alta. "¡Realmente podría escribir un libro!"

Para mi sorpresa, mi esposo Michael, que estaba sentado a mi lado, me alentó diciendo: "¡Deberías hacerlo!"

El nivel de angustia que sentía, así como el sentimiento de solidaridad con las mujeres que estaban denunciando sus experiencias mientras gritaban "¡ya es suficiente!", me convencieron de que el silencio nunca ha sido remedio para ninguna herida abierta, y de que ya era hora de que yo abriera las puertas a las vergonzosas historias que yacían en el fondo del abismo, para que por fin pudieran salir de mí y convertirse en conocimiento público. No por orgullo, sino para limpiar las humillantes cicatrices de una desgracia que solo una persona que haya pasado por la misma experiencia podría entender.

En aquel momento supe que una vez que empezara a hacerlo no habría vuelta atrás y que el proceso podría desafiarme de formas inesperadas.

Después de un exhaustivo debate interno tomé la decisión de ser valiente y enfrentar mis temores. Animada por las circunstancias oportunas para finalmente darle voz a mi silencio, decidí relatar las historias que nunca había contado sobre las numerosas capas de abuso físico y de conducta sexual inapropiada a las que he estado expuesta a lo largo de mi niñez, juventud y adultez, cómo enfrenté cada una de ellas, qué aprendí de ellas y cómo han afectado e influenciado mi ser. Algunas de estas historias pueden parecer graciosas, otras pueden hacerte pensar en un incidente similar del que hayas oído hablar o que te haya ocurrido. Cualquiera que sea tu reacción, sé que el proceso de hacer un agujero en las persianas de mi pasado para recuperar estos recuerdos, aplastados durante mucho tiempo por un sinnúmero de láminas de metal pesado, está lleno de ansiedad, desgracia y vergüenza.

Mientras escribía el boceto de cada uno de los acontecimientos no deseados que se exponen en este libro, tomé conciencia de una realidad que no había anticipado cuando tomé la decisión de asumir el papel de narradora de mis historias. Cada vez que escribía el pronombre subjetivo de la primera persona "Yo" para comenzar una oración, sentía una gran presión sobre mí, como si un bloque de acero aplastara mi pecho, quitándome el aliento y produciéndome una ansiedad intensa.

La magnitud de los sentimientos fue tal que después de que terminé el plan y quise empezar a redactar las primeras historias, me sentí impotente. Una sensación de parálisis me invadió. Mis dedos eran incapaces de pulsar las teclas "Yo" en mi teclado para describirme y retratarme en determinadas situaciones, en determinados momentos, siendo el sujeto de determinadas acciones. ¡No podía escribir! Por lo tanto, tuve que parar.

Durante diez días consecutivos me distancié de las primeras páginas que había escrito, pensando que este proyecto había fracasado. No pensé seguir escribiendo. ¡No podía hacerlo!

Luego, en la décima noche, mientras mi cabeza yacía sobre la almohada, cerré los ojos y emití un largo y profundo suspiro. Un abrupto rayo de luz irradió detrás de mis párpados, seguido por un concepto muy claro. Si no podía narrar los eventos en primera persona, tal vez podría revelarlos en la tercera persona, transformando el "Yo" de ser el sujeto a un "Yo" convertido en el objeto "Ella", lo que con suerte aliviaría el desasosiego en mi estómago. Sentí que había sido alcanzada por un rayo místico y que finalmente había encontrado mi camino a través de toda esta experiencia. Sonreí y me quedé dormida poco después.

A la mañana siguiente, abrí el archivo y restablecí la narración en tercera persona. Cuando comencé a referirme sobre mí misma como un personaje llamado Monti, que es mi sobrenombre, pensé distanciarme de la vergüenza y la desgracia que me producía contar estas historias.

Después de haber redactado las primeras treinta páginas, envié el manuscrito a mi editora, Anne Louise O'Connell, para recibir comentarios. Ella sugirió que la experiencia del lector sería más rica si contara las historias en primera persona. Para mí ya era demasiado abrumador relatar las historias en tercera persona, estaba segura de que no podría escribir una oración en primera persona y volver a experimentar el dolor causado por los acontecimientos por segunda vez, incluso si eso significaba una mejor experiencia para el lector.

¡Paré de escribir de nuevo!

Pasó un mes entero durante el cual reflexioné sobre todo el proceso de redacción de este libro y sobre si valía la pena experimentar la angustia que me provocaba invocar estos recuerdos lejanos.

Una mañana, siendo la mujer tenaz que siempre he sido, abrí el archivo y comencé a teclear. Cuando escribí el primer "Yo" sentí que me estaban apuñalando en el corazón y una línea de sangre comenzó a chorrear dentro de mí. Para cuando lo había escrito varias veces, me encontré hundida en un charco de espeso flujo rojo, pero seguí escribiendo. Tuve que superar el sufrimiento para transmitir mis historias con valentía, con la esperanza de transformar las oscuras adversidades del pasado en una luz brillante para el futuro.

Agradezco a las personas que fueron valientes antes que yo, que tuvieron el coraje de hablar en voz alta y denunciar lo que siempre ha sido un estigma para nosotras las mujeres. Me ayudaron a tomar la decisión de expresar mis experiencias. Aunque reconozco las repercusiones que este libro podría tener en mi vida actual, y debido a que la mayoría de mis historias sucedieron hace mucho tiempo, en algunos casos no he podido recordar los nombres de los antagonistas o no conocía sus nombres en absoluto. Aunque mi decisión inicial fue utilizar seudónimos para referirme a aquellos que violaron mi confianza, a medida que avanzaba en el proceso de escritura, cambié de opinión y decidí no permitir que continuara el abuso ocultando sus nombres. Así que todos los nombres que menciono son reales.

Este libro está dedicado a todas las personas que han sufrido en silencio abuso físico, virtual, sicológico o sexual, acoso sexual o cualquier otro tipo de comportamiento abusivo o violento en sus vidas. Es mi intención compartir mis historias, sin importar lo doloroso que haya sido este proceso, con la esperanza de que anime a todas las voces calladas, en cualquier lugar del mundo, a salir a la luz, darle voz a su silencio y saber que no están solos. Ahora, en cualquier presente, es el momento oportuno de poner fin a nuestro dolor, hasta hoy sufrido en silencio.

Si el silencio tuviera color ¿De qué color sería?
Si el silencio tuviera voz ¿De qué color sería esa voz?

Mi silencio era apagado, tenebroso e impenetrable. ¡Incoloro!

Pero la voz que hoy concedo a mi silencio suele tener los colores del arcoíris. Cuando esa voz expresa rabia o rebeldía su color es rojo como la sangre en mis venas. Cuando manifiesta libertad, es azul como las aguas libres de los océanos. Cuando refleja optimismo, para un mañana mejor, es amarilla como los rayos del sol, y cuando revela miedo y depresión, es negra como las tinieblas.

La voz que hoy doy a mi silencio es multicolor, porque cada onda define una situación distinta.

¿Cuál sería el color que le darás tú a la voz de tu silencio?

¡A ti te corresponde decidir!

# Capítulo 1

El miércoles 25 de julio de 2018 recibí malas noticias de amigos y familiares que vivían en la provincia de Al-Sweida, en Siria. Durante las primeras horas de la mañana, una célula terrorista del Estado Islámico *Dáesh* había atacado muchas aldeas orientales de la provincia, provocando la muerte de doscientas cincuenta personas y causando cientos de heridos más mientras intentaban proteger su tierra.

La noticia fue inquietante y preocupante. Aunque tengo nacionalidad canadiense, nací en Venezuela, en una familia de inmigrantes sirios. Muchos de mis familiares y amigos todavía residen en la provincia de Al-Sweida.

En 1945 Siria se constituyó como un país independiente, poniendo fin de manera efectiva a la ocupación francesa de su territorio. Al igual que hoy, aunque por diferentes razones, esos fueron tiempos difíciles de conflictos y disturbios políticos y económicos. Miles de jóvenes sirios y sirias emigraron a Venezuela durante el boom petrolero de la década de 1950 en busca de una vida mejor. Hoy en día, se presume que más de un millón de venezolanos son de ascendencia siria y se dice que el sesenta por ciento de la población de Al-Sweida nació en Venezuela y tiene doble nacionalidad.

Mi padre llegó a Venezuela en 1957, tres años antes de que yo naciera. Su hermano, el tío Salman, había emigrado allí uno o dos años antes. Ellos nacieron en Al-Kafr, un pequeño pueblo encaramado en la región montañosa de Al-Sweida, que significa "negrura" en árabe y es una alusión al terreno volcánico oscuro de la zona.

El tío Salman hacía parte de nuestra vida diaria. Tenía mucha empatía, siempre lucía una sonrisa y tenía buen sentido del humor. Me tenía un cariño especial y me llamaba por otro de mis sobrenombres, Negra. A menudo nos visitaba con su esposa y sus tres hijos: dos niñas y un niño llamado Domingo. Al igual que nosotros, ellos también vivían en El Tigre, en el Estado Anzoátegui. No recuerdo cuándo ni cómo comenzó esto, pero el tío Salman empezó a insinuar que me habían prometido para ser la novia de Domingo, mi primo hermano.

Es muy común que una familia árabe ofrezca en promesa de matrimonio a sus hijas pequeñas a quien mejor les parezca, ya sea por lazos familiares, la conservación del linaje o por beneficios económicos. Muchas niñas crecen con el conocimiento de quién será el propuesto futuro esposo. El novio suele ser un pariente. Sin embargo, en otros casos, podría ser hijo de un vecino o amigo de la familia.

Mamá también tuvo un matrimonio concertado. Todavía recuerdo lo angustioso que fue para todos nosotros, hace muchos años, cuando nos contó la historia de cómo sucedió.

Ella recordaba que una noche de 1951 o 1952, antes de que existieran los calendarios y nadie tuviera registros de los acontecimientos en Siria, un joven de veintitantos años, acompañado de sus padres, visitó a su familia donde vivían en el extremo este de Al-Kafr. El propósito de la visita era pedir su mano en matrimonio. Ella solo tenía quince años.

Al relatar los eventos de esa maldita noche, como ella la llamó, contó que cuando escuchó a los huéspedes hablar en la habitación contigua y se dio cuenta del propósito de la visita, se asustó. Se escabulló cautelosamente escaleras abajo hacia la habitación de la despensa. Estaba completamente oscuro, pues en ese entonces no había electricidad en el pueblo. Se metió en una bolsa en yute de papas vacía que estaba en el suelo sucio y se durmió.

Algunas horas después la despertaron abruptamente unas brutales patadas en su costado. ¡Era su padre! La había estado buscando por todas partes hasta que finalmente descubrió su escondite secreto en la bolsa de papas. Salió de ahí perturbada y aprensiva. Su padre le exigió que lo siguiera arriba. Como líder espiritual, su padre era conocido en la aldea por ser un hombre religioso temible al que todos respetaban. Ella obedeció sus órdenes.

Cuando llegaron a la sala de arriba, su padre anunció que se casaría con Hassan, hijo de Sulaiman, en los próximos meses.

¡Sintió que su mundo se destruía! Tenía frío y hambre después de haber pasado la noche en una bolsa de papas en la oscura y húmeda despensa.

De repente, en medio de su cobardía, encontró su voz y dijo: "¡No quiero casarme con él! ¡Él no me gusta!"

Furioso por su desobediencia, su padre estiró los brazos y apretó los puños, como si estuviera retorciendo el cuello de un pollo. "Si no te casas con él", dijo, "¡te retorceré el cuello como a un pollo! ¿Lo entiendes?"

No quedaba nada más que decir o hacer. El destino de mamá se decidió mientras ella estaba escondida en la despensa. Estaba tan horrorizada, como recordaba, que dejó caer la cabeza hacia adelante para evitar el contacto visual con su padre y se alejó sin decir palabra. Esa noche no pudo cerrar los ojos. Se sintió impotente. Lo único que podía hacer era mirar fijamente en la oscuridad vacía de la habitación mientras sus pupilas se iban dilatando más y más.

Después de escuchar la historia del matrimonio concertado de mamá, aborrecí a mi abuelo y siempre pensé que yo había sido afortunada de no conocerlo, ya que murió cuando yo era una niña.

Aunque tanto mamá como papá eran descendientes de la familia Hidefi, no estaban relacionados por ningún linaje, ya que papá descendía del clan Hamad y mamá del clan Nakad.

Siguiendo los pasos de las mujeres de su familia, mamá nunca asistió a la escuela. Ella era analfabeta y no tuvo educación. Las escuelas no estaban destinadas a las mujeres en aquellos tiempos. Las mujeres estaban predestinadas a casarse lo antes posible para procrear, atender los asuntos de sus suegros, donde vivían con sus maridos, y actuar como empleadas domésticas.

Debido a su falta de educación, mamá no era una niña intelectualmente ágil, estaba mal informada sobre el mundo que la rodeaba y sobre la vida en general. Nunca había oído hablar de la menstruación hasta que menstruó un año después de casarse, mientras vivía con sus suegros.

Dos años después de su matrimonio, cuando dio a luz a su primera hija, mi hermana mayor Danela, su suegra le enseñó a amamantar y a manejar los pañales de la bebé. Mi padre no participó en la crianza de la bebé. La función principal de un hombre era mantener a su familia.

Como eran tiempos de escasez y penuria, después de la liberación de Siria del mandato francés, para poder alimentar a su familia mi padre encontró un trabajo como empleado en el hotel Al-Sweida en la ciudad de Damasco. Venía a casa al final de cada mes para traer las ganancias. Era un joven tímido, pero su educación secundaria lo ayudó a conseguir el trabajo de recepcionista en el hotel, donde también residía.

Mi primo Domingo era uno o dos años mayor que yo. A menudo jugábamos juntos durante las reuniones del fin de semana. Aunque era un niño tímido, después del aguacero en los días de lluvia tropical, solíamos recoger gusanos en el jardín delantero y construirles casas de barro. Sus ojos grandes y redondos eran marrón verdoso, rodeados por un anillo oscuro, y su piel era de color chocolate oscuro por la exposición al sol ecuatorial.

Cuando era niña, no podía percibir la noción de ser novia. Consideraba a Domingo como un hermano. Las insinuaciones del tío Salman sobre un matrimonio inminente a menudo me incomodaban, era algo que no podía explicar ni comprender.

En 1964, mi familia, que entonces tenía cinco niñas, se trasladó a San Fernando de Apure en los llanos suroeste de Venezuela, en el río Apure, adonde la mayor parte de la comunidad siria se estaba trasladando en busca de una mejor vida financiera. Domingo y yo fuimos separados geográficamente puesto que al mismo tiempo el tío Salman había repatriado a su familia de regreso a Siria. Esto no impedía que el tío Salman y otros amigos de la familia, que en ese entonces vivían en San Fernando, siguieran esperando que nos casáramos. En cuanto entraba a la casa, el tío Salman gritaba con mucho entusiasmo y fervor: "¿Dónde está la Negra, la novia de Domingo?", hasta tal punto que mi malestar se transformó en odio hacia mi primo, aunque yo no entendía por qué.

En las culturas del Medio Oriente, la exposición de las niñas a este tipo de alusiones durante su infancia tal vez exista para prepararlas desde el principio para convertirse en madres y asegurar el legado de la familia. Para mí fue como si la familia me estuviera condicionando para aceptar un hecho inaceptable. Sin embargo, en mi cerebro de niña de cinco años, cuanto más estaba expuesta al lavado de cerebro, más ignoraba la idea de convertirme en novia de Domingo o de cualquier otra persona.

El adoctrinamiento, ya fuese intencional o no, estaba teniendo un efecto contradictorio en mí. Cada vez que el tío Salman mencionaba a Domingo, mi corazón latía rápido y podía sentir la sangre subiendo a mis sienes, emanando un hediondo olor a metal incinerado. Me miraba los dedos de los pies, corría lo más rápido que podía hacia la cocina y sostenía mi pecho con mi manita para evitar que mi corazón cayera al suelo. No entendía lo que estaba sintiendo.

Cuando me refugiaba en la cocina oscura a la que temía, aunque estaba aterrorizada, el tío Salman me sacaba y me abrazaba con mucho cariño. Yo forzaba una sonrisa para ocultar mi miedo y tímidamente le decía: "¡No quiero ser una novia!" Él se reía y decía: "¡Por supuesto que sí!" Sentía sus intimidantes insinuaciones como centenas de pesos aplastando mi pecho.

Después de mudarnos a San Fernando, mi padre estableció una tienda de variedades de tamaño mediano, la cual él mismo gerenciaba. La tienda estaba conectada a la casa y quedaba en la esquina de las calles Páez y Ayacucho. La propiedad era una antigua iglesia que había sido convertida en casa. Las grandes puertas rodantes en la entrada de la tienda eran de metal y tenían bordes oxidados. Desde la casa se accedía a la tienda a través del dormitorio principal, que luego se convirtió en la habitación de los niños cuando se agregó otra extensión a la casa. En la tienda, mi padre vendía una variedad de telas como batista, franela, rayón, trevira y poliéster.

Los rollos de batista venían en colores pastel suaves y eran delicados al tacto. Las franelas tenían fondos blancos y pequeños estampados florales. Se utilizaban principalmente para confeccionar pijamas por su tacto suave, casi aterciopelado. Las treviras tenían motivos florales más grandes y se presentaban en matices de marrón, amarillo, verde y rojo oscuro, con acentos de lilas, azules delicados y blancos.

Mi pasión por el color debe haber comenzado entonces, ya que siempre admiré los colores y patrones de las telas. La tienda también tenía una variedad de ropa y accesorios, como medias de nailon, botones, cierres, sujetadores, ropa interior e incluso zapatos.

Aunque mi padre trabajaba duro para mantener a nuestra familia, el negocio no generaba muchos ingresos. Las ganancias eran apenas suficientes para pagar el alquiler y los servicios públicos, y para comprar alimentos. No teníamos lavadora ni otros electrodomésticos, excepto por una estufa. Mamá lavaba la ropa a mano y usaba una cuerda tendida en el garaje de planta abierta para secar todo. También cosía nuestros conjuntos de ropa con una vieja máquina de coser negra de marca Singer. Llevábamos una vida sencilla y vivíamos por debajo del estándar normal.

# Capítulo 2

Una ardiente tarde de agosto de 1965 en San Fernando mamá salió a comprar caracol, el incienso repelente de mosquitos, y un refresco para saciar su sed. Me pidió que la acompañara.

La quincallería que vendía caracol quedaba al final de la cuadra, a cinco minutos. La bodega que vendía las bebidas quedaba entre cinco y diez minutos más adelante en la calle Santa Ana. Al llegar a la entrada de la quincallería, un coche negro, seguido de muchos carros, pasó en procesión fúnebre. No era la primera vez que veía un cortejo fúnebre. Sin embargo, por alguna razón misteriosa, este despertó mi curiosidad. Tan pronto como entramos a la quincallería, mamá ordenó el caracol al señor Chang, el dueño. El señor Chang fue a buscar un paquete verde y lo colocó sobre el mostrador.

En ese mismo instante grité: "Chino, ¿quién se murió?"

El señor Chang se enfureció tanto con mi pregunta que tomó el paquete del mostrador y lo arrojó a mi cara mientras gritaba: "¡Tú misma!"

El paquete me golpeó con tanta fuerza que me arrojó hacia atrás. No entendí la reacción del señor Chang a mi pregunta inocente. Todo lo que quería saber era quién había muerto. En ese momento no sabía que llamarlo "chino", como solíamos referirnos a él en casa, era un insulto racial.

Recogí el paquete de caracol del suelo donde había aterrizado y se lo arrojé de vuelta con todas mis fuerzas. Rápidamente me volví hacia la puerta, le dije a mamá: "¡Vámonos!" y salí corriendo de la tienda. No miré hacia atrás y nunca volví a poner un pie en la quincallería del señor Chang. Mamá, que esperaba dar a luz en cualquier momento, me siguió, sintiéndose avergonzada y confundida.

Iba casi corriendo por la acera, temblando de furia. Mamá gritó que fuera más despacio. Cuando llegó a mi lado, exigió una explicación. No pude darle ninguna. Todo lo que sabía era que el señor Chang se excedió al lastimar a una niña de cinco años porque le hice una pregunta inocente.

Seguimos caminando en silencio hasta llegar a la bodega. Mamá estaba cansada, tenía las piernas hinchadas y su barriga de embarazada sobrecargada. Dejó que su pesado cuerpo descansara sobre la silla roja de mimbre plástico fuera de la bodega y pidió dos botellas de *Orange Hit*, como llamaban a la Fanta en Venezuela.

Nos sentamos en silencio a beber los refrescos mientras mamá parecía angustiada. La bodega no vendía caracol y ella lo necesitaba desesperadamente para repeler a los implacables mosquitos. En el camino de regreso mamá estaba extenuada. Para entonces yo estaba de mejor humor y le dije que a la mañana siguiente compraría el caracol en otra bodega.

A la mañana siguiente, cuando me levanté, no pude encontrar a mamá. Corrí hacia el dormitorio de mis padres, que quedaba detrás de la tienda. La puerta estaba abierta. Entré y vi a mamá acostada en la cama, luciendo cansada, con un bulto azul claro a su lado derecho, el cual tenía una forma irregular y parecía una bolsa en yute reventada. Me detuve, confundida. Mamá me pidió que avanzara hacia ella. Caminé lentamente hasta que llegué a la cama. Ella descubrió el bulto para revelar el rostro de un bebé somnoliento.

"Anoche, mientras todos dormían profundamente, una cigüeña blanca bajó del cielo y dejó caer a tu hermano envuelto en esta manta de franela azul cielo sobre mi cama", dijo. "¿Ves lo lindo que es?"

Perpleja, miré al bebé para asegurarme de que la caída no le hubiera destrozado la cara. Era la primera vez que veía a un bebé varón y era mi hermano.

Me incliné delicadamente hacia adelante para verlo mejor y olí el agradable aroma del talco para bebés que emanaba de esa criatura querubín. Su rostro no estaba destrozado. Al contrario, dormía como un ángel.

"Tu hermano se llama Sulaiman, pero lo llamaremos Jacinto", susurró mamá.

En las culturas árabes, tener un hijo varón solía ser, y sigue siéndolo en muchas sociedades, el objetivo último y más importante de una pareja. Los hombres perpetúan la herencia del clan y preservan el nombre de su familia a través de la historia y el tiempo.

A pesar de su terrible situación económica, mis padres seguían teniendo hijos con la esperanza de tener un varón. Jacinto fue el sexto hijo. Mamá había sido rechazada por sus suegros por dar vida de manera consecutiva a cinco mujeres. De manera indignante, se le consideraba de un linaje reproductivo inferior. Por esto se sentía presionada para seguir reproduciéndose hasta tener un varón, aunque eso significara tener una docena de hijos.

Mis hermanas mayores Danela y Yusra estaban en Siria cuando Jacinto nació. Dos años antes habían sido enviadas a Siria en compañía de la familia del tío Salman. Papá pensó que lo mejor para ellas sería pasar tiempo con nuestros abuelos en Al-Kafr y asistir a la escuela para aprender árabe. Poco después del nacimiento de Jacinto, Danela y Yusra regresaron a San Fernando, pues allá las consideraban una carga y un estorbo, y la familia en Al-Kafr no quería hacerse cargo de ellas. Además, mamá necesitaba ayuda con el bebé, los otros niños, papá y la tienda.

Para poder proveer comida para una familia numerosa, papá compró una máquina de coser industrial, la instaló en la parte trasera de la tienda y aprendió a producir cauchos. Los cauchos, como se llamaban en aquellos tiempos en el llano, eran ponchos de cuero sintético negro, y a veces marrón, probablemente de un tamaño de dos metros cuadrados y estaban destinados a los vaqueros, quienes los usaban mientras trabajaban en los ranchos y montaban a caballo en la temporada de lluvias. Para ayudar a papá, Danela y Yusra también aprendieron a coser y trabajaban duro a su lado.

La llegada de Jacinto cambió muchas cosas en casa, especialmente para mí. Me di cuenta de que mi papá lo trataba de manera diferente a como nos trataba a nosotras. A Jacinto le regalaban juguetes y una vez que comenzó a caminar, papá comenzó a llevarlo al abasto, una actividad que no se consideraba adecuada para las niñas. Durante las visitas al abasto, Jacinto podía adquirir lo que quisiera, sin importar el precio.

En una ocasión, Jacinto regresó del abasto con un conjunto de cosas esféricas blancas que brillaban en su mano.

"¿Qué es eso?", le pregunté.

"Uvas", respondió.

Venezuela no era conocida por cultivar uvas. A la edad de ocho años, yo nunca había visto ni probado las uvas. El color verdoso y transparente de las frutas parecía tan tentador al paladar y tan atractivo a la vista, que quise tocar la piel de las uvas y saborear una. Jacinto fue extremadamente considerado y generoso y me dio dos o tres uvas. Las tomé en mi mano derecha, mientras mi mirada intensa casi penetraba sus delicadas pieles. Llevé la mano debajo de la nariz e inhalé profundamente.

Aunque no sabía a qué olía el pasto segado, en mi imaginación el aroma suave y terroso tenía un toque de olor a pasto verde recién cortado, lo que me hizo pensar que estaba en el parque al final de la calle, donde solíamos jugar. Debo haber esperado un buen rato antes de meterme la primera uva en la boca. Cerré los ojos y levanté la lengua, rompiendo la uva contra el paladar. La sutil dermis de la uva se hizo añicos bajo la presión de mi paladar, dispersando su pulposa y dulce membrana en mis papilas gustativas. Fui arrojada a un lugar que no sabía que existía: un oasis de sabores y colores. Nunca olvidaré ese instante pues ese día me enamoré de las uvas.

Un tiempo después comencé a improvisar tácticas para obtener una parte de las delicias que Jacinto traía del abasto. Concebí la noción de que ser un niño era totalmente diferente a ser una niña. Ser niño significaba que lo llevaran al abasto, que le compraran una variedad de frutas inaccesibles a las niñas, que le regalaran un triciclo, que lo vistieran y perfumaran de manera distinta y que lo amaran de manera diferente.

No sería erróneo suponer que esos fueron los días que establecieron la base de mi rivalidad y una mayor rebeldía contra mi hermano y mis padres.

Mi rebeldía contra las nuevas condiciones de vida de la familia comenzó a manifestarse al principio con un comportamiento poco amistoso, el cual luego se convirtió en hostilidad contra mi hermano pequeño.

No podía entender el porqué a Jacinto se le daba un mejor trato que a mí. Nadie en casa se preocupaba por mí o mis sentimientos y nunca me explicaron por qué. Cuanto más afecto mamá y papá daban a Jacinto, más rechazada me sentía y más testaruda me volvía. Tenía tanta envidia de Jacinto que todo lo que quería era deshacerme de él o convertirme en un niño como él.

Un día, estaba tan molesta porque Jacinto no quería compartir conmigo una barra de chocolate que corrí tras él por el patio con el secador de piso en las manos, al que llamábamos coleto o haragán en aquel tiempo. Él corría delante de mí gritando y pidiendo ayuda. Cuando mamá vino al rescate, yo ya lo había golpeado en la cabeza.

Era un corte menor, pero el sangrado había alarmado a toda la familia. Mamá, furiosa y amenazadora, gritó: "*Inagsek ala umrik!*", "¡Que seas despojada de tu vida!" Recogió a Jacinto del suelo y lo llevó adentro para curarle la herida. Me sentí satisfecha, pero petrificada al pensar cuál sería mi castigo.

Gradual e instintivamente me di cuenta de que no era la hija favorita de mamá. Sabía que me veía fea en comparación con mis hermanas y me comportaba de manera diferente a ellas, pero era demasiado joven para entender si la exclusión se debía al color oscuro de mi piel, a mi cuerpo delgado, a mis ojos almendrados con párpados dobles o a que siempre me comportaba de forma hiperactiva.

El castigo al cual mamá me condenaba, que consistía en dejarme aislada de rodillas en la esquina del comedor en El Tigre, pasó a un nivel de dolor físico más grave al convertirse en golpes en mis pequeñas piernas, los cuales me daba con el cinturón de nailon negro que era parte de mi uniforme escolar blanco en San Fernando.

Ella me sujetaba por el brazo izquierdo y me pegaba hasta que en mis piernas aparecían marcas rojas, parecidas a las hojas púrpura de un drago. Cuando esto ocurría, mis hermanas se burlaban de mí cantando: "¡Le florecieron!"

Este nuevo tipo de castigo era sicológicamente más duro que estar confinada en un rincón oscuro puesto que dejaba marcas distintivas que eran visibles para todos en casa y en la escuela. No solo era físicamente doloroso, sino que también produjo heridas emocionales que sangrarían en las paredes de mi memoria durante años.

El día en que le pegué a Jacinto me mantuve alerta, esperando que mamá viniera a buscarme para diseñar más hojas púrpuras en la parte posterior de mis piernas. Horas más tarde, cuando casi lo había olvidado, mamá salió de la cocina con el cinturón de nailon negro en la mano. Los murmullos de mis hermanas me alertaron, salté del sofá donde estaba sentada en la sala familiar y comencé a correr por toda la casa. Ella corrió detrás de mí. Estábamos corriendo y chillando como dos jabalíes, desde el dormitorio hasta la cocina y cruzando el pasillo hasta el comedor.

La mesa de madera rectangular para seis personas, que estaba cubierta con un mantel blanco bordado de colores vivos, ocupaba la mayor parte del espacio en el centro del comedor. Di vueltas de izquierda a derecha alrededor de la mesa mientras mamá intentaba agarrarme y gritaba: "*Inagsek ala umrik!*" y "*Badi idbajik!*", "¡Te voy a matar!"

Después de dar muchas vueltas alrededor de la mesa, sentí que estaba a punto de ser acorralada. No podía escapar de las garras de una madre enfurecida y abusiva, así que, sin pensar en las consecuencias, di vuelta hacia atrás y, con mi pequeño puño, le propiné un tremendo puñetazo a la puerta de vidrio de la alacena de madera oscura.

El golpe fue tan fuerte que la mitad de los vasos de vidrio y platos de cerámica que estaban bien ordenados cayeron en cascada y se estrellaron contra el piso de concreto pulido. Mamá no podía creer lo que veían sus ojos. Yo tampoco. Aproveché la distracción y me escabullí del comedor.

Corrí por el patio, espantando a las gallinas y al gallo que picoteaban por ahí, hasta que llegué al estanque donde los dos patos nadaban calmadamente. Me senté sobre el deteriorado barril que quedaba contra la cerca de bloques rojos que separaba nuestro patio del mundo exterior. Ese estropeado barril servía de nido para las gallinas y de dormitorio para los patos. Me tomó varios minutos calmarme mientras jadeaba y tragaba saliva para recuperar el aliento.

Angustiada y aprensiva, no podía comprender entonces que mi comportamiento agresivo y destructivo, particularmente hacia mamá, era una respuesta inconsciente a los años de castigo físico y abuso sicológico que me había infligido.

Me quedé en el patio con las gallinas y los patos durante muchas horas. Pensé en la vida afortunada que vivían las aves de corral al no tener una madre que las odiaba o maltrataba abiertamente.

Recordé entonces la vez en que, tres años atrás, mamá casi me mata.

Por alguna misteriosa razón, había días en que mamá estaba tan irritable e inaccesible que ni siquiera podía tolerar vernos a mí y a mis dos hermanas menores, Rasmille y Mima, jugando o haciendo ruido. Cuando lo hacíamos, gritaba que nos detuviéramos. También se enfurecía fácilmente y comenzaba fuertes peleas con mi papá.

Ese día, mientras jugaba con Rasmille y Mima en el otro dormitorio que también quedaba detrás de la tienda, ella nos gritó desde la sala de estar que detuviéramos la bulla. Seguí jugando, ignorando su orden. No la escuché venir por el pasillo, pero cuando entró en el dormitorio vi la chancleta de nailon negro que cargaba en la mano y supe lo que eso significaba.

Sentada en el barril recordando ese día, todavía podía sentir la punzada del último chancletazo en mi espalda. Me había perseguido por la sala familiar invocando la perversa oración habitual: *"Inagsek ala umrik!"*, y agregando, *"Inshallah bit muti!*", "¡Espero que mueras!" Le era difícil correr con una sola chancleta puesta, así que hizo una pausa y tiró la chancleta al suelo, deslizó su pie en ella y comenzó a correr detrás de mí de nuevo. Cuando me agarró cerca de la entrada de la cocina, me tiró al suelo y empezó a patearme.

"¡No! ¡Para!", grité. "¡No lo volveré a hacer nunca!"

Pensando en ese incidente, es posible que en ese momento específico mamá estuviera reviviendo los hechos de la noche en que su papá la encontró escondida en el saco de papas y la pateó hasta que casi le rompe las costillas. Tal vez su incapacidad para enfrentarse a su padre en ese momento y su resentimiento reprimido estaban siendo canalizados contra mí en forma de venganza. Pero incluso así, ese comportamiento no podría ser justificable.

Sin importar la razón, tumbada en el suelo sobre mi lado derecho, prácticamente me estaba pateando hasta la muerte. Su pie, con la chancleta puesta, aterrizó después en mi frágil cuello. Fue entonces cuando sentí que me ahogaba bajo la fuerte presión de su pie.

"*Muti! Muti!*", "¡Muérete! ¡Muérete!", gritaba mientras me debilitaba gradualmente.

Podía sentir los vasos sanguíneos de mi frente que comenzaban a abultarse. Creí ver un diablo negro sobre mí mientras la chancleta me mantenía clavada al piso. Cuanto más me resistía, más perdía la capacidad para respirar. Estaba inmovilizada bajo el peso del odio de mi propia madre. En la actualidad, mientras relato esta memoria, no puedo dejar de pensar en el incidente que le ocurrió a George Floyd en Minnesota en el verano del 2020, cuando el policía se arrodilló encima de su cuello durante nueve minutos y veintinueve segundos, hasta que murió asfixiado. Mientras las circunstancias son diferentes, las semejanzas son varias y el resultado hubiera podido ser el mismo para mí. ¿Pero quién en aquellos tiempos hubiera juzgado a mamá?

El canto del gallo me despertó del espantoso recuerdo.

Miré a mi alrededor y respiré profundamente, aliviada de que todavía estaba sola, rodeada de aves de corral. Cerré los ojos por un segundo y recordé cómo mi papá, alertado por el motín, vino a mi rescate. Había venido corriendo desde la tienda y había encontrado a mamá asfixiándome. La empujó a un lado, se inclinó para tomarme en sus brazos y me colocó en el sofá casi inconsciente.

"¿Cómo pudiste hacer una cosa como esta?", le gritó.

Como siempre, terminaron en una gran pelea. Papá se retiró a la tienda y mamá desapareció dentro de la cocina, llorando, mientras yo permanecía recostada en el sofá recobrando el aliento.

Esa fue la primera vez que mi papá me salvó de los infernales tentáculos de mamá.

Me quedé en mi refugio al aire libre hasta que el pánico generado por ese terrible recuerdo se desvaneció, el sol se hundió en el horizonte y los patos entraron en el barril.

Luego volví lentamente al dormitorio de las niñas, tratando de evitar a mamá, que para entonces estaba completamente calmada y preparaba la cena en la cocina. Me hundí en la hamaca que colgaba en el centro del dormitorio y caí rendida por el sueño.

Montaha Hidefi

## Capítulo 3

Casi salté de mi asiento al escuchar la voz del piloto haciendo un anuncio. Un poco confundida, todavía adormecida por el vuelo nocturno, me quité el antifaz. Apenas podía ver a mi alrededor en la cabina medio iluminada. Michael estaba bebiendo una copa de vino y parecía cansado. Me estiré, alcancé la persiana de la ventanilla a mi derecha y la levanté. La suave y azulada luz del amanecer sobre las nubes bañaba mi rostro. Sonreí.

"Damas y caballeros, este es su capitán. Hemos comenzado nuestro descenso hacia...", comenzó el piloto.

El azul oscuro del océano comenzó a aparecer a través de los agujeros de las densas nubes. La voz del piloto se desvaneció en la cabina de clase ejecutiva mientras sacaba mi iPhone para tomar fotografías del descenso, como siempre hacía durante un vuelo.

A medida que el avión descendía, las nubes comenzaron a aclararse y pude capturar el reflejo plateado del sol del amanecer en la costa. ¡Fue mágico!

Mientras el avión se acercaba a la superficie, lo que parecía un paisaje extraño comenzó a revelarse. No podía dejar de gritar: *"Wow! Wow!"*, "¡Vaya! ¡Guau!" mientras oprimía el botón de la cámara. Al principio el terreno estaba cubierto de rocas de lava oscura. Luego apareció un cráter volcánico. A lo lejos, dos enormes columnas de vapor ascendían propulsadas en el aire frente a una cadena montañosa cubierta de nieve. "¡Guau! ¡Guau!", seguí diciendo. "¡Mira! ¡Mira!", "¡Me encanta!" Poco después, el terreno se convirtió en un desierto rojizo oscuro. En seguida reaparecieron rocas de lava oscura, esta vez cubiertas con un manto de musgo amarillento y suave.

Sentí como si estuviéramos aterrizando en otro planeta. Estaba asombrada. No había previsto que el paisaje fuera tan irregular y deslumbrante. Cuanto más nos acercábamos al aeropuerto, más tenía un deseo increíble de estirar el brazo fuera de la ventana y tocar la tierra con la mano. Fue la experiencia de aterrizaje más asombrosa que he tenido en toda mi vida.

Estaba completamente despierta y sentí que era la única persona en el universo que aterrizaba en la superficie de otro planeta. Me sentí feliz.

Y, por si fuera poco, apenas aterrizamos lo primero que vi en la pista fue un avión Airbus A330 pintado de color violeta con tres letras escritas en blanco. Decía: *"WOW"*, "GUAU".

Me pregunté si era una coincidencia o si las autoridades del aeropuerto sabían que los pasajeros quedaban tan cautivados durante el descenso que decidieron describir sus experiencias con este acogedor avión.

Mientras nuestro avión se dirigía hacia la terminal, comencé a ver más aviones con la misma inscripción. Entonces entendí que era el nombre de una aerolínea.

"Damas y caballeros, bienvenidos a Reikiavik", anunció la aeromoza. "Hoy es lunes 14 de mayo de 2018".

Este viaje a Islandia fue un regalo de Michael para celebrar nuestros quince años de estar juntos desde que nos conocimos por internet en el 2003.

Cuando el Flybus islandés salió del edificio del aeropuerto para llevarnos al hotel en la ciudad, tuve una mejor vista del paisaje a mi lado de la autopista. La carretera todavía estaba mojada por la lluvia que había caído la noche anterior. El Flybus estaba lleno de pasajeros de varios países. A mi izquierda, Michael, que pasó la mayor parte del vuelo nocturno de cinco horas despierto tomando vino, estaba molesto por mi decisión de reservar un traslado económico al hotel con el Flybus público en lugar de una limusina. Quería que nuestras vacaciones fueran perfectas, lejos de otros turistas.

La cacofonía de las quejas de Michael por la decisión que yo había tomado se estaba volviendo incómoda. Sin embargo, mientras me concentraba en disfrutar de la vista desde mi amplia ventanilla, su voz comenzó a desaparecer en el fondo, mezclándose con los recuerdos que comenzaron a surgir en mi cabeza.

La superficie serpenteante, húmeda y negra brillante de la carretera parecía una culebra deslizándose a través de las rocas volcánicas abrasadas y cubiertas de musgo del área circundante. Mi mente se deslizaba con el movimiento ondulado del Flybus. Viajé en el tiempo a 1972, el año en que mi padre decidió resueltamente regresar a su país de nacimiento: Siria. Su decisión precipitó nuestra reubicación de inmediato. Tenía casi trece años en ese momento.

Debido al tamaño de nuestra familia y a la cantidad de miembros de la familia paterna y materna que vinieron a Damasco, capital de Siria, para darnos la bienvenida, nos trasladamos desde allí a Al-Kafr en dos carros separados. Casi cuarenta y cinco minutos después de comenzar la jornada por carretera, cuando nos acercamos al primer pueblo, una inmensa montaña oscurecida apareció en el horizonte.

"Esta es Shahba, una ciudad histórica donde nació Marcus Julius Filipo", dijo mi papá. "Emperador romano desde el 244 al 249 d.C., quien era conocido como Filipo el Árabe.", concluyó.

No solo la montaña era negra, sino que toda el área adyacente estaba sumergida en un océano de rocas volcánicas gigantescas que se levantaban del suelo en diversas formaciones con cráteres entre ellas y muy poca o ninguna vegetación. Nunca había experimentado tanta oscuridad en el horizonte.

De ahí en adelante, el color del paisaje no cambió. Nos adentramos más en aquellos terrenos encantados a medida que nos acercábamos a nuestro destino.

Cinco años después, mientras estaba a bordo de un autobús Pullman en un viaje en solitario de Al-Sweida a Damasco, llegué al mismo punto cerca de la montaña de Shahba. Tenía que visitar la oficina central de la fábrica de zapatos del gobierno en la que había comenzado a trabajar el año anterior, a los dieciséis años.

Cuando me subí al Pullman en la terminal de autobuses interurbanos de la ciudad de Al-Sweida, veinte minutos antes de llegar a Shahba, no había asientos disponibles excepto el asiento del pasillo de la primera fila, detrás del conductor. El asiento de la ventana estaba ocupado por un hombre joven.

Me senté y me mantuve en silencio mientras el Pullman se preparaba para partir.

Tan pronto como salimos de la terminal, el joven inició una charla no deseada conmigo. Me preguntó mi nombre y de dónde era. Yo no quería compartir información con él porque sabía que los hombres sirios podían intentar seducir a las jóvenes en cualquier ocasión. Me preguntó por el motivo de mi viaje a Damasco. Le dije respetuosamente que iba por negocios, mientras trataba de ocuparme con algo dentro de mi cartera para demostrar que estaba ocupada y no podía hablar con él.

Diez minutos más adelante, como había previsto, se volvió hacia mí y me dijo: "¿Sabes lo hermosa que eres?"

Sin hacer contacto visual, respondí: "Gracias".

Poco tiempo después empezó a ponerse nervioso. Sus piernas se movían sin descanso y cambiaba de posición constantemente. Aunque no lo estaba mirando, podía sentir sus ojos agujereando mi piel como una navaja con corriente eléctrica. El asiento no tenía apoyabrazos para dividirnos, así que sentí su temperatura subir a través de su parka mientras su hombro rozaba el mío.

Se desabotonó la parka. Con mi visión periférica, noté que su brazo derecho se hundía dentro de la parka. Su brazo, presionando contra el mío, hacía movimientos hacia adelante y hacia atrás en cámara lenta. Supuse que se estaba rascando el abdomen o la pierna. La fricción contra mi brazo y mi hombro se hizo más fuerte y el calor de su brazo a través de la parka aumentó.

Estábamos entrando a Shahba. Gradualmente volví la cabeza hacia la ventana para ver bien la montaña volcánica que tanto admiraba. Él me estaba mirando. Cuando hicimos contacto visual, un escalofrío se extendió desde mi cabeza hasta mis pies. Me sentí intimidada y bastante incómoda.

Con una gran sonrisa en el rostro, me hizo un guiño de ojo como indicándome que lo mirara mientras levantaba el lado izquierdo de su parka con la mano izquierda dentro de su bolsillo. Sin pensarlo, mis ojos miraron en la dirección que señalaba. Sus pantalones estaban desabrochados y vi la punta de su erección sostenida en su mano derecha. ¡Se estaba masturbando a bordo del Pullman!

Temblando, el corazón me latía más rápido que la velocidad del Pullman. Mi presión sanguínea subió. Mis sienes se hincharon. Estaba a punto de vomitar en su regazo. Lo miré frenética y rápidamente y noté que su sonrisa se extendía.

Sin saber qué hacer, quise levantarme y salir corriendo. Atormentada, giré la cabeza y me alejé lo más posible para crear un espacio entre nuestros hombros, brazos y piernas. Sin embargo, dado que el asiento no era suficientemente ancho, aún podía sentir el calor que emanaba de su cuerpo.

Afligida, miré a mi alrededor para pedir ayuda. La persona más cercana a mí era el ayudante del conductor que estaba sentado en el primer asiento de la misma fila, al otro lado del pasillo, mirando por la ventana. Miré hacia atrás. La mayoría de los pasajeros dormían y nadie prestaba atención a la parte delantera del autobús.

En un intento desesperado por ponerle fin a la situación, me dirigí al ayudante. Con una sonrisa falsa, le pregunté si no le importaría intercambiar asientos conmigo. No esperaba que aceptara sin dudarlo. Nunca llegué a saber quién era, pero nunca olvidé su bondadoso acto a pesar de que no me preguntó por qué quería cambiar de asiento.

Mientras me ponía de pie para cambiar de asiento, el mundo a mi alrededor dio mil giros. Todo mi cuerpo vibró. Supuse que estaba cayéndome en un abismo. Me arrastré hasta el asiento del ayudante y dejé que mi cuerpo acalambrado se hundiera en él.

Miré por la ventanilla y respiré profundamente. Asustada, me pregunté si debería repórtalo al ayudante. Me pregunté si debería pedirle al conductor que se detuviera para salir a vomitar o para tomar otro autobús para concluir el viaje a Damasco. No tenía respuestas. Pero esa no fue ni la primera ni la última vez que experimenté una exposición tan flagrante e inapropiada de exhibicionismo sexual en público.

Montaha Hidefi

# Capítulo 4

Tragándome en silencio mis incertidumbres, mientras contemplaba las rocas volcánicas que más adelante se transformaban en tierras desiertas antes de llegar a Damasco, donde las Fuerzas Armadas Sirias tenían aeropuertos militares, recordé consternada la primera vez que vi los genitales de un hombre adulto.

En San Fernando, como era tradición, los domingos siempre eran el día de la familia. Casi todos los domingos, papá nos llevaba a dar un paseo para que la familia respirara aire fresco, nos detuviéramos en una bomba para llenar el tanque de gasolina, tomáramos refrescos y pasáramos tiempo juntos. Los paseos de domingo me encantaban, ya que brindaban la oportunidad de salir de casa, explorar algo diferente con mis hermanas y tomar refrescos en el calor abrasador.

Debido al tamaño de nuestra familia, los adultos habían decidido cómo repartir los asientos del carro para evitar peleas entre nosotros. Mi papá, cuyo negocio de cauchos había prosperado, había reemplazado recientemente su viejo Chevy verde por un Dodge gris claro. Él y mamá ocupaban los asientos delanteros. Mi hermano pequeño, Nabil, quien había nacido cinco años después de Jacinto, se sentaba en el regazo de mamá. Danela ocupaba el asiento trasero izquierdo, detrás de papá, mientras que Yusra ocupaba el asiento trasero derecho, detrás de mamá. Yo me sentaba al lado de Danela, Rasmille al lado de Yusra, y Mima y Jacinto en el medio.

La clase trabajadora de San Fernando recibía su sueldo los viernes. Para muchos, eso desencadenaba una noche de fiesta en la que tomaban aguardiente de caña, considerada como la cerveza local. Los hombres bebían aguardiente hasta emborracharse o hasta gastarse todo el dinero ganado durante la semana. Algunos se intoxicaban durante muchos días y se quedaban en las calles deambulando y gritándoles palabras vulgares a los peatones o conductores.

Una vez, alrededor de 1967, cuando el sol comenzaba a descender en el horizonte, papá estaba dándole una vuelta a la plaza pública en nuestro camino de regreso a casa después del paseo. En medio de las primeras sombras del anochecer, vi a un hombre borracho tropezando en lo alto de las tres escalerillas que había alrededor de la plaza. Era regordete y su brazo derecho colgaba al lado de su cuerpo desequilibrado mientras sostenía una botella de aguardiente en la mano.

Cuando el carro se acercó más a él, los últimos rayos de luz revelaron más de su figura. Su mano izquierda estaba sosteniendo algo justo debajo de su cintura. Parecía un plátano grande, tostado y esponjoso que se asomaba por el cierre de sus pantalones caquis sucios. El hombre balanceaba el hinchado plátano de arriba abajo con la mano mientras gritaba: "Carajo, puta", y otras palabras obscenas que yo no había escuchado antes. Cuando crecí, entendí que el borracho decía: "Puta de mierda".

Danela y yo teníamos el mejor ángulo visual de la escena.

"¡Oh mírale la pipa!", Danela gritó mientras se reía. "¡Oh, mira su polla!"

"*Gamdu iunkun!*", gritó mamá. "¡Tápense los ojos!"

"*Yal'an jal balad!*", papá murmuró entre dientes. "¡Maldito sea este país!"

Aunque había escuchado la palabra "pipa" antes, nunca había visto ni imaginado cómo se veía. A los siete años, fue el primer símbolo de sexualidad al que estuve expuesta. Aunque no podía comprender el significado ni la importancia de todo esto, el hecho de que mis padres y mi hermana mayor estuvieran preocupados por lo ocurrido me hizo sentir que había sido testigo de una acción bastante prohibida. Este incidente nunca se mencionó en casa, nunca. Fue reprimido y olvidado allí donde sucedió, y finalizó con el avance del carro.

A mí, que fui accidentalmente sometida a ese hecho sexual explícito, se me grabó en la mente. No he podido borrar esa imagen de mi memoria. Incluso años después, en mi edad adulta, cada vez que me encontraba con un hombre, lo primero que venía a mi mente era la representación de ese hombre ebrio exponiendo sus genitales en la plaza pública, lo cual era alarmante y me dejaba sintiéndome incómoda y nerviosa. No sé aun qué me marcó más, si la ridiculez de ese hecho o la gravedad de esa cicatriz en el subconsciente de mi infancia.

Mis ojos parpadearon cuando recordé lo que acababa de suceder en el Pullman. Ese día el resto del viaje a Damasco pareció durar una eternidad. La certeza de que debe haber algo en todos los hombres que les haga querer exponerse no abandonaría mi mente.

Justo antes de llegar a Damasco, comencé a especular qué pasaría cuando llegáramos a la terminal de autobuses interurbanos. ¿Ese individuo ofensivo me estaría acechando? ¿Cómo se suponía que tenía que reaccionar si lo hacía?

Fui la primera persona en bajar del Pullman después de que se detuvo. Salí de prisa de la terminal, me detuve en la acera de la calle llena de tráfico y paré un taxi. Todavía estaba en shock. Mi corazón seguía latiendo como un par de tambores que invocan a los espíritus de nuestros antepasados para traer la lluvia y ayudarme a eliminar las espeluznantes sensaciones de ansiedad y disgusto.

Conseguir que un taxi libre parara en la terminal de Damasco era, en general, bastante difícil. Pero en aquel día los espíritus convocados de nuestros ancestros escucharon la invocación. Un taxi se detuvo poco después. Abrí la puerta, entré y le pedí al chofer que me llevara a mi destino. Sentí que finalmente estaba en un lugar más seguro y esperaba desaparecer en las calles de la capital repletas de gente, cuando escuché al chofer que me preguntaba: "*Min wen jazertik?*", "¿De dónde eres?"

Montaha Hidefi

## Capítulo 5

Las calles de Damasco y los taxistas de la ciudad no eran para nada seguros para una adolescente como yo en los años setenta del siglo pasado. A medida crecía y llegaba a la mayoría de edad en Siria, un país con una rica cultura e historia del arte, pero aferrado a valores tradicionales que me parecían arcaicos en contraste con la moral liberal de mi país de nacimiento, me cansé de tratar de descifrar cómo encajar y, siendo mujer, cómo ser tratada con dignidad y respeto.

Siempre que caminaba por las calles de Damasco o tomaba un taxi sola, me daba cuenta de que el típico hombre sirio asumía que tenía el derecho intrínseco de seducir, agarrar, manosear, pellizcar o besar a cualquier mujer que se atravesara en su camino. Estuve expuesta a interminables manoseos y toqueteos de hombres que caminaban por las calles, así como a continuas insinuaciones y seducciones ofensivas de taxistas hombres.

Durante la segunda mitad de los años mil novecientos ochenta viví en Damasco, mientras asistía a la universidad para obtener mi título en literatura francesa y, posteriormente, mi maestría en traducción. Durante ese tiempo me di cuenta de que mi acento y mi dialecto me hacían parecer una presa fácil.

Yo aprendí a hablar árabe después de nuestro traslado a Siria. Me tomó dos años poder construir oraciones correctas y coherentes gramaticalmente. Sin embargo, nunca se me fue el acento latinoamericano. Aunque el castellano tiene cierta influencia del árabe, esta influencia es fundamentalmente en el léxico. En cuanto a la articulación, el español es líquido y nasal, mientras que el árabe es particularmente rico en sonidos guturales. Estas diferencias en la articulación de los dos idiomas habían impactado mi forma de hablar árabe.

Mi acento extranjero, junto con el dialecto sureño de Al-Sweida, facilitaba que la gente se diera cuenta de que era *ajnabiya*, es decir extranjera. Las mujeres *ajnabiyas* eran consideradas accesibles y se esperaba que recibieran insinuaciones sexuales e incluso tuvieran relaciones sexuales con cualquier hombre. Nunca entendí el trasfondo de esa noción preconcebida, pero soporté su doloroso resultado mientras viví en Siria.

Una mañana de 1985 tomé un taxi en Rukun Eldin, un barrio al noreste de Damasco, donde alquilaba una habitación. Iba a la terminal de autobuses interurbanos para viajar a Al-Sweida durante el fin de semana. Después de pedirle al taxista que me llevara a mi destino, me preguntó de dónde era, la típica pregunta que escuchaba con mucha frecuencia.

Aunque sabía que no me creería, le respondí mi habitual: "De aquí".

Él repitió: "*Min wen hazertik?*", "¿De dónde eres?"

Respondí de nuevo: "*Min jon!*", "¡De aquí!"

"*Mo ma'úl!*", dijo. "¡No es posible!"

El acoso continuo de los taxistas me estimuló intelectualmente para improvisar técnicas que me ayudaran a manejar esas situaciones y evitar que me molestaran. Además, a medida que interactuaba con los damascenos con más frecuencia, aprendí a expresarme en su dialecto, aunque mantuviera mi acento latinoamericano.

Suspiré profundamente, pensando: "¡Aquí vamos de nuevo!"

"*Jeza min iradat Allah. Inta mo mu'min? Ma bte'bal mache'at Allah?*", pregunté con acento extranjero damasceno. "¡Esta es la voluntad de Alá! ¿No eres creyente? ¿Contradices la voluntad de Alá?"

Me miró por el retrovisor con los ojos bien abiertos, sin esperar una respuesta como esa. Sus cejas casi acariciaban la línea de su cabello. Supe que había tocado una zona sensible porque ningún damasceno musulmán se andaría con bobadas con respecto a Alá. Estaba muy orgullosa de haber imaginado esa táctica.

"*Machalláh!*", se disculpó. "¡Como Alá quiera!" Luego dejó de hablar.

Reprimí una risita. Me alegré de que me dejara en paz durante el resto del viaje hasta la terminal.

Lentamente comencé a entender que había aprendido a transformar tales situaciones simplemente siendo asertiva y jugando con el sentido de decencia de un hombre o invocando el nombre de Alá o incluso de una pariente femenina como su madre o hermana. Creo que fue un mecanismo de supervivencia, dadas las circunstancias.

Montaha Hidefi

## Capítulo 6

Doce meses más tarde, durante el ardiente verano de 1986, detuve un taxi en una de las rotondas de Damasco. Para sostenerme durante el año de graduación tuve un trabajo de medio tiempo como instructora de mecanografía en una oficina que brindaba servicios a estudiantes universitarios. Como de costumbre, la oficina cerró a las dos para el almuerzo y tuve que irme.

Cuando comencé a recordar los detalles del despreciable incidente que se desarrollará en las siguientes páginas, me di cuenta de que había enterrado este recuerdo tan profundamente en el abismo del pasado, con el fin de contener la humillación que me causó, que no podía recordar todos los detalles con claridad. Por sugerencia de mi amiga chilena Ruth, quien supo del incidente en el momento en que sucedió, decidí solicitar el servicio de una hipnoterapeuta para desbloquear los hechos de ese día.

La hipnoterapeuta con la cual me comuniqué por teléfono me recomendó que me pusiera en contacto con una terapeuta de regresión de edad. Dijo que solo había una en el área de Guelph en Ontario, Shelley Timoffee. Llamé a Shelley y conseguí una cita.

La regresión de edad es una meditación guiada que le permite al individuo acceder a recuerdos del pasado de su vida actual. Recuerdos "que podemos haber ocultado por nuestra seguridad" según Shelley.

Mi cita era para el lunes 12 de marzo de 2018. Fui a ver a Shelley sin expectativas. Había leído muchos libros sobre la regresión a vidas pasadas anteriormente y sabía que se trataba de recuperar información de una vida o encarnación pasada que podría ser relevante para nuestra vida actual y que podría ayudarnos a lograr tener paz con nosotros mismos. Sin embargo, no conocía mucho sobre la regresión de edad y de alguna manera me sentía reacia al tema, pero mi deseo de escribir los detalles de ese incidente fue mayor a mis dudas.

Shelley me llevó a un estado mental profundamente relajado y me orientó con su voz para embarcarme en un viaje al centro más profundo de mi universo interior, con el objetivo de encontrar una llave que desatara el recuerdo reprimido.

Durante más de una hora, pasé por una enorme montaña rusa de emociones. Transitando de un estado de tranquilidad completa a otro donde estaba totalmente frenética, atravesé la oscuridad de mi mundo íntimo hasta llegar a una hermosa playa de arena dorada, desde donde minutos más tarde fui catapultada al día en que ocurrió el infame incidente. Durante el recorrido interior, experimenté una multitud de trastornos: lloré, reí, me enojé, tuve miedo, sentí odio e incluso dolor físico en el brazo izquierdo. Estuve temblando con escalofrío durante toda la sesión a pesar de que estaba cubierta con una cobija gruesa. Sin embargo, el resultado valió la pena. Pude descifrar el código y acceder a los detalles a los que había estado expuesta aquel día.

Shelley había grabado la sesión para que yo la escuchara más tarde cuando me sintiera en disposición mental de hacerlo. Pasaron más de tres meses antes de que me sintiera preparada mentalmente para escuchar la grabación y transcribir los detalles. Posiblemente ese incidente me había afectado tanto que estaba huyendo de él.

Las rotondas en Damasco solían estar abarrotadas en las horas de la tarde. El tráfico se movía de manera caótica, aunque sistemática, a través de carriles no delimitados por pintura, sino creados por la corriente de vehículos. En la sesión recordé haber recorrido la rotonda llamando a un taxi por más de media hora, sin éxito. ¡Los taxis no paraban! Estaba desesperada. Sin pensar en las consecuencias, se me ocurrió cruzar los seis carriles que me separaban del lado interno de la rotonda, pensando que sería más fácil parar un taxi allí. Con el brazo extendido en el aire, como si fuera un policía de tránsito, me abrí paso a través del tráfico estrepitoso de carros que no paraban de hacer sonar las bulliciosas bocinas, indicándome que lo que hacía era incorrecto. La estatua erigida en el centro de la rotonda quedó a mis espaldas mientras hacía frente al eterno río de

Dando voz a mi silencio

vehículos que giraban en formación de peregrinaje en sentido contrario a las agujas del reloj.

Mientras me observaba, durante la sesión de regresión de edad, asumiendo ese peligroso riesgo, pensé que tuve suerte de no haber sido atropellada.

Después de un rato, casi sorda por el fragor de los motores y las bocinas ensordecedoras, vi un taxi vacío en el carril adyacente a mí. "¡Taxi, taxi!", moví el brazo en el aire y grité para que me escuchara en medio de la conmoción.

Mantuve un rápido contacto visual con el chofer. Él bajó la velocidad, tratando de no detenerse, ya que el movimiento de vehículos era inclemente.

Abrí la puerta de pasajeros detrás del chofer mientras el carro se mantenía en movimiento. Una fuerte nube de hedor a cigarrillo mezclado con sudor agrio y estancado casi me deja inconsciente mientras me subía en el taxi. El cuero sintético oscuro del asiento estaba desgastado y tenía una gran raja que mostraba las fibras sucias del forro que un día había sido blanco. Dudé por un momento, pero me obligué a entrar mientras el chofer gritaba: "*Yala, yala!*", "¡Vamos, vamos!" Fue un milagro que entrara, sana y salva.

Bajé la ventanilla para disipar el olor repulsivo, pues era difícil respirar, pero la cálida brisa que entraba difundió la hediondez en el aire de la cabina en lugar de dejarla salir. A pesar de eso dejé la ventana medio abierta para permitir que fluyera el aire.

Le dije al chofer, quien ajustaba el retrovisor con la mano derecha, que me llevara a la ciudad universitaria ubicada en Mazzeh, donde compartía una habitación con Ruth y con otra estudiante, las dos chilenas.

El chofer asintió con un movimiento de cabeza. En el retrovisor pude ver sus ojos fijos en mí. Debía de tener veintitantos o treinta y tantos años. No pude ver su rostro completo, solo sus ojos.

"*Min wen jazertik?*", comenzó.

Para calmarme y evitar las preguntas típicas que normalmente seguían, no respondí y más bien dirigí la mirada hacia afuera. Dejé que mis ojos y mi mente vagaran en el vacío de esa tarde caótica, desplazándose detrás del vidrio de la ventana entreabierta: los peatones, la circulación, la gente que paraba taxis y los edificios residenciales al fondo.

De repente me di cuenta de que habíamos pasado mi destino.

"*La wen rayej*?", le pregunté. "¿A dónde vas?"

"Vamos a hacer un pequeño recorrido", respondió.

"¿Por qué?", pregunté, sintiéndome medio alterada.

"Quiero mostrarte la ciudad", respondió.

"¿Por qué querrías mostrarme la ciudad? Yo vivo aquí", dije. "Por favor, llévame a la ciudad universitaria".

Ignorando mi orden, continuó cuesta arriba a través del tráfico. Reconocí los barrios y supe que poco después habría menos vehículos y edificios en la calle. Estaríamos aislados.

Empecé a pensar en alguna estrategia de escape. Tenía las piernas tan apretadas una contra la otra que casi se escuchaba el chasquido de los huesos de mis rodillas chocando entre sí. A pesar de eso, sabía que tenía que mantener una posición relajada y no mostrar miedo.

El tráfico se volvió más ligero a medida que el carro subía por las calles hacia el Monte Qasiún, el cerro que domina la ciudad de Damasco. Las hermosas vistas panorámicas de la ciudad, que se ven desde la cima de Qasiún, eran conocidas como una de las principales atracciones para las escapadas nocturnas en familia, donde la gente podía tomar jugo de naranja o té negro en una de las bodeguitas abiertas de noche, mientras disfrutaban de las luces de la gran ciudad.

Qasiún también era conocido por atraer a los enamorados para las indulgencias románticas, puesto que está apartado de la ciudad y sigue siendo de fácil acceso.

Pocas personas salían a Qasiún durante el día. Si lo hacían, era para compartir coqueteos o romances lejos de la vista de los demás, ya que estaba prohibido mostrar afecto público.

El hermoso paisaje de la ciudad comenzó a aparecer a través de la ventana derecha a medida que el carro se acercaba del estacionamiento en la cima de Qasiún. Esperaba ver otros vehículos para garantizar mi seguridad. Estaba segura de que el chofer no iniciaría ninguna liga si hubiera otros vehículos y personas por allí.

Mi corazón se desplomó al ver el estacionamiento vacío. Redujo la velocidad, dio media vuelta a la derecha y detuvo el carro al borde del acantilado.

Tan pronto se detuvo, abrí la puerta y salí del carro. Sabía que sin importar lo que pasara, estar al aire libre era mejor opción que quedar atrapada dentro del carro. Caminé fingiendo disfrutar de la vista panorámica mientras trataba de alejarme lo más posible de él. Abrió la puerta y salió. Lo miré para anticipar su próximo movimiento.

"¿Cómo te llamas?", me preguntó.

"María", respondí espontáneamente. Siempre usaba el nombre "María" cuando no quería revelar mi identidad.

"¿De dónde eres?", continuó, mientras caminaba hacia mí.

"De aquí", respondí.

Me estaba poniendo más nerviosa. Estaba sola con ese individuo en la cima de aquel inmenso espacio abierto. Por la expresión en su cara, supe que su intención era, en última instancia, tener un momento privado conmigo. Ya fuera un beso, una caricia o sexo, para él cualquier cosa que consiguiera hacer sería considerada como un gran logro.

"¿Por qué me trajiste aquí?", le pregunté. "¿Qué quieres de mí? ¿Me puedes llevar de regreso?"

"¿Por qué andas con tanta prisa?", preguntó. "¡Mira! Estamos solos. Podríamos divertirnos un poco".

Sin tener un plan y para distraerlo, le pregunté: "¿Tienes hermanas?"

"Si. Tengo dos hermanas", dijo.

"¿Dónde vives?", continué, intentando demorar lo que fuera que tuviera en mente mientras esperaba que apareciera otro vehículo.

"Vivo en Bab Tuma", respondió, refiriéndose a un barrio cristiano que conocía bien en Damasco.

"¿Te gustaría que tus hermanas estuvieran en esta situación?", le pregunté. "¿Te gustaría que un chofer desconocido las trajera aquí?"

Ajeno a mi ansiedad, dijo: "¿Por qué estás hablando de mis hermanas?"

"Porque yo también tengo hermanas", dije. "Y también tengo hermanos. No les gustaría que estuviera aquí con un hombre extraño".

"Pero simplemente nos estamos divirtiendo", insistió.

"¡No pienso que sea divertido!", respondí. "Quiero irme a la ciudad universitaria para prepararme para mi clase".

"Esto no tomará mucho tiempo. Solo quiero divertirme contigo", exigió.

No sabía qué era lo que más me hacía transpirar, si el miedo de ser violada en la cima de Qasiún o la camisa roja que llevaba puesta ese día bajo el sol ardiente, pero le suplicaba al universo por un milagro.

Seguí mirando el paisaje para ocultar la ansiedad mientras las gotas de sudor se acumulaban bajo mi nariz. De repente, surgió un ruido en la distancia. ¡Parecía un motor! Di vuelta a la derecha, donde él estaba parado cerca de mí. Detrás de él se acercaba un Toyota Land Cruiser blanco.

Suspiré. Reconocí que era un vehículo del Mukhabarat, el Servicio de Inteligencia Militar de Siria. Controlados por la oficina del presidente, los Mukhabarat eran muy poderosos e influyentes. Se sabía que eran brutales y actuaban de forma explícita o encubierta. Se les temía. Aunque sus vehículos no estaban marcados, se reconocían fácilmente.

El carro del Mukhabarat se detuvo a veinte metros de nosotros. Las puertas del frente se abrieron rápidamente y dos hombres que se comportaban de forma intimidante salieron y se apresuraron hacia nosotros.

Consciente de la amenazadora situación en la que me encontraba, me recompuse, forcé mi pie derecho frente al izquierdo y comencé a caminar hacia ellos con la cabeza en alto.

Dije en un tono humilde: "¿Me pueden ayudar?"

"¿Qué está pasando?", preguntó uno de ellos, mientras el otro escaneaba el área con sus ojos.

"Pedí que me llevara a la ciudad universitaria y me trajo aquí en lugar de llevarme a mi destino", le dije.

Se detuvieron por un segundo y me miraron en silencio. Como si me ignoraran, continuaron hacia el chofer. Me quedé mirándolos con asombro. Me pregunté si estaba a punto de ser el objeto de una violación en grupo o si iban a empujarlo por el precipicio y luego violarme ellos mismos.

Iniciaron una conversación privada con el chofer que no pude escuchar. Miré en la otra dirección tratando de encontrar una ruta de escape en caso de que todos se volvieran contra mí. Los Mukhabarat no eran dignos de confianza y era posible que ocurriera lo peor.

Un momento después, volvieron caminando en mi dirección mientras el chofer se subía al taxi. Me dijeron que me subiera al taxi. Dije que "¡No!"

"Te llevará a la ciudad universitaria", dijo uno de ellos. "Estaremos siguiéndolos. No te hará daño. ¡Vamos!"

Me acerqué lentamente al taxi, abrí la puerta trasera de la derecha y entré cautelosamente. Miré al chofer. Tenía la cara roja. Probablemente lo golpearon y, si no lo hicieron, pensé, lo harían después de que me dejara.

Arrancó el motor, puso el carro en marcha atrás y salió del estacionamiento. Cuando empezó a descender por Qasiún, miré por el parabrisas trasero y vi el vehículo del Mukhabarat siguiéndonos.

Todavía asustada y alarmada respiré profundamente, apretando las rodillas juntas. Por primera vez comprendí el significado del dicho común: "El enemigo de mi enemigo es mi amigo".

Mientras el chofer manejaba cuesta abajo, me mantuve alerta a la espera de cualquier reacción inesperada. Sabía que siempre y cuando el vehículo del Mukhabarat nos siguiera, estaría a salvo.

Me miró por el retrovisor y dijo: "Lo siento. Solo quería divertirme un poco contigo".

"*Ana mo charmuta!*", le dije. ¡No soy una prostituta!

"¡Lo siento! Yo también tengo hermanas y no me gustaría que las trataran de esta manera", agregó.

Cuando llegamos a la ciudad universitaria, que por razones de seguridad tenía el acceso restringido a estudiantes con tarjeta de identificación, saqué un billete de diez libras sirias de mi cartera y lo tiré en el asiento delantero, abrí la puerta y salí rápidamente. Los individuos del Mukhabarat me saludaron con un gesto de cabeza desde su vehículo.

Un enorme grupo de estudiantes estaba frente al portón de la entrada. Despojada de mi dignidad e incapaz de entender cómo escapé de ser violada, me apoyé contra la valla de concreto de cuatro metros de altura para recomponerme. Me sentí debilitada, vacía y degradada. Respiré profundamente. Saqué mi tarjeta de identificación de mi cartera y me paré en la fila para mostrársela a los guardias militares que estaban armados con ametralladoras.

La distancia entre el portón y mi dormitorio tomaba casi diez minutos a pie. Mientras avanzaba a traspiés, cansada y abatida, quise fumar un cigarrillo. Vi un banco marrón relumbrando bajo el sol, y decidí tener un momento privado para poder pensar antes de llegar al dormitorio. Me senté para encender un cigarrillo, pero pronto me di cuenta de que no estaba permitido que las mujeres fumaran en público en el campus.

Me levanté y seguí caminando. Cuando llegué al dormitorio, ninguna de mis compañeras estaba allí. Abrí la ventana con marco de aluminio, encendí un cigarrillo y me senté al borde de la cama.

A los cinco minutos, la puerta de la habitación se abrió y entró mi compañera chilena, Ruth.

"¿Qué pasó huevona?", me preguntó con acento chileno. "¿Estáis bien?"

Entre lágrimas, suspiros y lamentos, le conté la historia. Me abrazó y exclamó: "¡Eres tan fuerte huevona!" Continuó abrazándome. No comprendí por qué pensaba que era fuerte. "¿Cómo hiciste eso? ¿Cómo se te ocurrió pedir ayuda a hombres en quienes no puedes confiar para luchar contra otra persona en quien tampoco puedes confiar?" Ruth sabía que los Mukhabarat podrían haberme llevado a algún otro lado en lugar de ayudarme, pero había sido valiente y me arriesgué.

Me recosté en la cama mientras ella preparaba una taza de café. En la actualidad, mientras repasaba los detalles en mi mente, me di cuenta de que al confiar en los Mukhabarat había demostrado tener poder, aunque pensaba que la fuerza que mostré en Qasiún era solo un disfraz, un grito de auxilio. En el fondo, vivir en un país donde siempre tenía que mantener mis defensas en alto me estaba desgastando como persona y destrozando como mujer. Necesitaba salir de ese país para liberarme de ese infierno en la Tierra.

Montaha Hidefi

## Capítulo 7

Prendí los tres interruptores de las luces del porche antes de abrir la puerta de entrada para asegurarme de que teníamos suficiente iluminación afuera al salir de la casa de mis suegros en Bahama, Carolina del Norte.

Habíamos pasado ese día, el 9 de junio de 2018, celebrando el cumpleaños número noventa de mi suegro Siegfried. Entre Michael, su hermano Paul y su esposa Julie, su primo Eric y yo, organizamos una divertida fiesta familiar que dejó a Siegfried llorando de alegría mientras apagaba las velas de su torta.

"¡Nunca me habían celebrado de esta manera!", afirmó.

Eran casi las diez de la noche cuando nos fuimos. Llevaba una bolsa de compras resistente donde había puesto dos botellas de vino, mi laptop, mi iPad y otras cositas para llevarnos al albergue. Al ver las luces prendidas, abrí la puerta para ir al carro alquilado que estaba estacionado en la entrada.

Aunque tenía todas las luces encendidas, estaba bastante oscuro fuera de los límites de la vieja valla de estacas blanca que rodeaba el porche, pues la finca estaba situada en el campo. Mi suegra, Eva, había pasado parte de la tarde contemplando la vegetación circundante mientras descansaba con Siegfried en un sofá columpio de terraza al aire libre ubicado al otro lado del porche, mientras nosotros cocinábamos y nos preparábamos para la fiesta. El sofá obstruía el atajo entre la puerta y el tramo de escalerillas que conducían a la entrada. Para llegar a las escalerillas, tenía que rodearlo.

Después de dar un par de pasos alrededor del sofá, el vigoroso labrador negro, que pasó el día encerrado en la casa contigua de Paul y Julie, subió las escaleras corriendo en mi dirección.

Sorprendida y asustada, salté hacia atrás para evitar el choque. Mis sandalias con suela de cuero resbaladizo me desestabilizaron. En lugar de dar un paso atrás, resbalé y aterricé en el piso del porche de madera recibiendo un fuerte golpe en las nalgas. Eric, que estaba a medio metro detrás de mí, se apresuró a rescatarme.

"¡Aléjalo de mí!", grité, temiendo que el perro saltara sobre mí.

Eric se las arregló para llevarse al perro.

La bulla fue tan fuerte que todos se apresuraron afuera y me encontraron todavía en el suelo.

Tenía tanto dolor en la zona lumbar y la rabadilla que no estaba segura de poder pararme. Esperaba que Michael o cualquier otra persona me echaran una mano, pero, en cambio, escuché voces que murmuraban: "¡Es solo un perro! No va a hacerte nada", que es la reacción habitual de las personas cuando tratan con personas como yo, que tenemos miedo a los perros.

Los cincuenta segundos que pasé sentada en mi trasero se sintieron más como cincuenta años agonizantes. Fue como un regreso súbito a finales de los sesenta, a la oscura cocina de nuestra casa en San Fernando.

Como la casa era una antigua iglesia convertida en vivienda, para dar cabida a la transición a una casa funcional, el dueño de la propiedad había construido dos paredes divisorias en la esquina del espacio abierto, justo antes del dormitorio, para que sirvieran de cocineta. El área abierta servía como sala de estar y porche con vistas al patio de unos noventa metros cuadrados. Una cerca de bloques de cemento de un metro de altura separaba el patio del área abierta. Un tiempo después, mi hermana Yusra y yo teníamos la cerca cubierta de latas de leche sembradas de plantas verdolagas, coleus, colocasias, maguey morado y otras matas coloridas. Como la cocineta no tenía puerta, mamá cosió una cortina liviana con patrones florales verdes y la clavó en las paredes para cubrir la entrada.

La cocineta ocupaba un área pequeñísima y no tenía ventanas, por lo que estaba siempre oscura, incluso durante el día. Siempre me daba escalofríos cuando me pedían que fuera a buscar algo allí, así que normalmente rechazaba los encargos diciendo que estaba asustada.

Mamá usó mi pavor a la oscura cocineta como castigo. Siempre que desobedecía sus órdenes o la desafiaba, me gritaba: "¡Te mando a la cocina para que te coma el perro negro!"

La primera vez que me dijo eso, yo era demasiado joven y no comprendí el significado de esa amenaza. Después, una vez cuando la desobedecí, me agarró del brazo, me arrastró por la sala de estar, me tiró en el suelo de la cocina y gritó en árabe con la misma amenaza sobre el perro negro: "*Khalel kalb el-asuad yaklik!*" "¡Espero que el perro negro te coma!"

Arrojada al suelo como una fruta podrida, estaba horrorizada. Sollocé pidiendo perdón. "¡No! ¡No! ¡No lo volveré a hacer!"

Mientras se alejaba, me encogí como si fuera un feto y tapé mi rostro con las manos pues no sabía desde qué esquina el perro negro me atacaría en la oscuridad. Mis músculos se tensaron. Las sombras tenebrosas se esparcieron por toda mi piel como aguijones diabólicos. Mi corazón latía tan fuerte que el sonido llenó la cocineta. Empecé a ver grandes círculos rojos y fogosos y sentí unos colmillos caninos largos hundiéndose en mis brazos y piernas. Apreté los párpados con toda la fuerza que me quedaba para detener las escalofriantes imágenes. No podía determinar si eran creados por mi imaginación fértil o si estaba siendo devorada vivamente por un perro negro.

No sabría decir cuánto tiempo estuve allí sola, pero fue una de las pesadillas más largas que tuve en mi infancia. Escuché a mamá volver a entrar, tomarme del brazo, arrastrarme de regreso a la sala de estar y tirarme al sofá como un cacho de basura. "¡Espero que hayas aprendido tu lección!"

Afirmativo. Había aprendido una lección más allá de lo que ella hubiera imaginado. Desde entonces los perros me han aterrorizado.

Mientras las amenazas con el perro negro continuaron, tuve cuidado de no molestar a mamá para evitar que me arrojara de nuevo al pozo canino. Mi instinto de supervivencia y el miedo al perro negro fomentaron mi creatividad e, intuitivamente, concebí métodos para evadir el castigo, que incluían principalmente no decirle la verdad y hacer las cosas a sus espaldas. Y así aprendí a ocultarle todo para salvar mi pellejo.

Hoy en día, aunque conozco la causa fundamental de mi miedo a los perros, y a pesar de muchos tipos de terapias para la fobia a las que me he sometido con el objetivo de superarlo, el terror de ser devorada o mordida por un perro negro en la oscuridad ha sido un miedo de toda la vida. Independientemente de la hora del día en que vea a un perro paseando por la calle, aunque esté atado a un collar con su dueño, cambio de lado y hago todo lo posible para evitar el contacto físico o visual con este perro.

# Capítulo 8

El miedo a la oscuridad comenzó mucho antes en mi infancia. Incluso antes de los cuatro años, yo ya era una niña ágil. Me comportaba de manera que molestaba a mamá y constantemente hacía preguntas a las cuales ella no podía responder. Buscaba su apoyo para alimentar mi curiosidad por descubrir el mundo, pero fue en vano.

Siempre que me portaba mal o desobedecía su orden de permanecer callada, ella gruñía en árabe: *"Inagsik ala umrik!"*. A veces, *"Inchala bit muti!"*. O, *"Alá yu-jurkek!"*. Si bien no hablaba árabe en ese momento, podía reconocer que mamá estaba rogando que sucedieran cosas diabólicas.

Dado que sus oraciones malévolas no resultaron en sofocación o muerte alguna, comencé a dudar de sus invocaciones malvadas. Como consecuencia de esto, la frecuencia de mis actos de desobediencia aumentó, como queriendo poner a prueba su honestidad. Para ese entonces su depresión había progresado y ella ya no podía afrontar las molestias resultantes de mi mala conducta, por lo que tuvo que improvisar otras formas para dominarme. Así fue como recurrió al castigo físico.

Siempre que lo consideraba necesario, me ordenaba arrodillarme en el rincón oscuro del comedor sin ventanas de nuestra casa en El Tigre. El tiempo del castigo dependía del inconveniente que hubiera causado y del nivel de irritación que le hubiera producido. A veces duraba diez minutos y, a menudo, hasta media hora o más, cuando se olvidaba de que me tenía en castigo. Durante ese tiempo, no me era permitido ponerme de pie, descansar sobre los talones ni comunicarme con ninguna de mis hermanas.

Fui la tercera hija de mis padres, la primera en nacer en Venezuela, el 4 de enero de 1960. Fue exactamente nueve meses y quince días después de la llegada de mamá a El Tigre, luego de un viaje transoceánico de un mes a bordo de un transatlántico turco que partió del Puerto de Beirut en el Líbano, vía Génova en Italia, y que llegó al Puerto La Guaira de Venezuela en abril de 1959. Mi papá tenía treinta y dos años, mientras que ella tenía veintiséis.

Mamá cuenta que yo nací con la piel azul oscura, casi morada, y que mi color contrastaba con la pigmentación clara de mi familia. Esta fue posiblemente la razón principal por la que me dieron el sobrenombre de Negra.

Cuando era bebé, fui un desafío. Lloraba sin cesar cuando me dejaban descansar en la cuna. Mis hermanas Danela y Yusra tenían que mecerme para que parara de llorar y me durmiera. Nadie sabía el motivo de mi malestar, pero crecí buscando consuelo y afecto.

Años más tarde, Danela reveló algo tan insólito que el vello de todo mi cuerpo se erizó como agujas. Para que dejara de llorar, ella y Yusra iban a buscar arañas al porche, ataban su seda a uno de sus dedos y las hacían colgar sobre mi cara como un yoyo. Danela agregó que incluso esa improvisación no detenía mi llanto. Nunca pude entender ese acto tan cruel infligido a un bebé. No es extraño que haya crecido aterrorizada por las arañas y que todavía lo siga estando.

Fue durante los momentos de reclusión forzada en el rincón que desarrollé un miedo espantoso a la oscuridad. Para eludir las sombras que se formaban ante mí, cerraba los ojos con fuerza y apretaba los dientes. Mi imaginación, sin embargo, continuaba evocando imágenes espeluznantes que a veces tomaban la forma de una gigantesca araña marrón, de patas largas peludas, que se arrastraba por la pared frente a mí, por lo que apretaba aún más los ojos y se me secaba la boca, como un desierto árido. La araña rastrera luego se transformaba en una figura roja demoníaca con cuernos largos y amenazantes que se elevaba sobre mi cabeza, haciendo que el cabello en la parte posterior de mi cuello se erizara como púas dolorosas, mi corazón se acelerara y el sudor empapara la parte superior de mi labio.

Aquellos momentos de horror mental y crueldad física persistirán en mi mente durante toda mi vida. Quizás aumentaron mi fobia a las arañas y fueron el origen de mi incredulidad en Dios y del odio hacia mamá, tres grandes pilares que forjaron la esencia de mi personalidad, no solo como mujer sino también como ser humano.

¿Cómo podía creer en Alá, el Dios druso al que mamá invocaba para quemarme y matarme, pero que afortunadamente no respondía? Los drusos, una minoría religiosa monoteísta que habita principalmente en Siria, Líbano, Jordania e Israel, tienen pequeñas comunidades de emigrantes alrededor del mundo.

Teniendo cuatro años, no era posible que yo supiera nada sobre la religión de mi familia debido a que ellos mantienen en secreto buena parte de los detalles de su fe por motivos históricos, ya que fueron violentamente perseguidos durante siglos por otras comunidades religiosas. Decidí que Dios no era más que una herramienta de castigo drusa que mamá usaba para asustarme. Empecé a creer que Dios era esa araña enorme y despreciable que tenía su telaraña en el rincón superior más oscuro del comedor, y lo odiaba.

El trato abusivo, tanto físico como mental, a una edad tan temprana, hizo que me familiarizara con las tácticas disciplinarias sin escrúpulos de mamá, pero nunca pude bloquear los fantasmas creados por mi imaginación durante aquellas sesiones correctivas individuales en el rincón.

Cuando no estaba en castigo, me gustaba dibujar cosas que me ayudaban a olvidar las criaturas imaginarias que me aterrorizaban. Dibujaba flores de colores y árboles verdes, pero incluso hacer eso irritaba a mamá, que quería que me sentara y permaneciera en silencio.

Imaginaba tener un pincel para transformar las alas de la oscuridad del mundo que me rodeaba y pintarlas de colores alegres: rojo, amarillo, verde y azul. Pero incluso las fantasías fueron censuradas por mamá. Era como si ella pudiera leer mi mente.

Mis hermanas y yo crecimos bajo el mandato de que no debíamos sonreír ni reír en la presencia de mi papá. Debíamos permanecer en silencio total, que era un castigo en sí mismo. Inevitablemente, cuando mamá nos pedía que estuviéramos en silencio, nos echábamos a reír mientras nos mirábamos, provocando la ira de mamá nuevamente.

Por el contrario, mi papá, un joven reservado que no fumaba, nunca bebía alcohol y creía en Dios, era tierno, pero sobre todo serio y sereno. Como era típico de la época, pasaba la mayor parte del tiempo en su trabajo, no participaba en la crianza de los niños y no conocía el estilo de disciplina de mamá ni sus métodos moralizantes para criarnos. Si bien no era conocido por mostrar ningún signo de afecto, ya fuera en público o en privado, cuando estaba en casa se sentaba en uno de los sillones de cuero sintético blanco en el porche y yo me reposaba en el apoyabrazos de madera mientras jugaba conmigo. Me encantaban esos momentos de ternura y siguen siendo los recuerdos más vívidos que tengo de mi papá durante mi infancia.

La vida en El Tigre no fue fácil para mis padres en los años sesenta del siglo pasado. Mi padre trabajaba como carpintero y ganaba cincuenta bolívares venezolanos por semana, lo equivalente a quince dólares americanos en ese momento. Con tantas bocas que alimentar y una casa que cuidar, mis padres vivían en la más absoluta pobreza. Para que no se les cayeran los calcetines, Yusra y Danela tenían que sujetarlos con gomas elásticas. A medida que crecían, me pasaban la ropa. Nuestra dieta era limitada a las necesidades básicas y no teníamos vida social fuera de la comunidad siria y los vecinos.

Esas duras condiciones, así como la distancia que separaba a mis padres de su país de origen, "*Al-bilad*" como lo llamaban, y siendo incapaz de escribir, leer o incluso tener teléfono, hicieron que mamá estuviera en un profundo aislamiento emocional. Al recordar ese período, ella contaba que lentamente fue arrastrada a un hoyo negro de soledad y desesperación.

Por si fuera poco, una noche Danela se fue a la cama con mucha fiebre. Cuando despertó a la mañana siguiente, no podía ni sentir ni mover las piernas. Estaba paralizada de la cintura para abajo. El médico que acudió a verla anunció que estaba afectada de poliomielitis y que necesitaba atención inmediata en el Hospital Ortopédico de Caracas, a unos cuatrocientos cincuenta kilómetros de El Tigre, un recorrido que tomaba casi seis horas en carro.

Papá trasladó a Danela a Caracas al día siguiente, dejando a mamá cuidándonos. Danela fue hospitalizada de inmediato y permaneció en el hospital por más de un año. Uno de cada doscientos casos de poliomielitis conduce a una parálisis irreversible y, dado que no tiene cura, no se sabía si Danela sobreviviría o volvería a caminar.

Por suerte, con la perseverancia de mi papá, que visitaba a Danela a menudo y la animaba a caminar, ella pudo recuperar alguna movilidad.

Siempre que se recordaban aquellos días, mamá decía que eran momentos agonizantes para ella, ya que su primogénita yacía en un hospital distante y no podía verla, hablar con ella o incluso conocer su estado de salud.

Mamá se sintió condenada a vivir una vida de angustia y pobreza. No era la vida que esperaba en el nuevo mundo lleno de esperanza. Aquella no era la promesa venezolana.

La noticia de la muerte de mi abuelo también aumentó su tristeza. Se sentaba durante largas horas en la penumbra del comedor llorando y lamentándose de la negrura de su vida. Caminaba descalza por la casa, flotando ingrávida como un fantasma. Perdió la capacidad de satisfacer nuestras necesidades básicas de amor y afecto. Se volvió amargada y, a menudo, violenta conmigo porque seguía considerándome como un desafío. Yo era diferente de mis hermanas, no solo por el color de mi piel, sino también por mi personalidad.

Yo era demasiado joven para entender el estado mental de mamá, pero lo que fuera que ella estuviera viviendo nos afectaba a nosotros como familia y a mí como niña. Yo crecía rápido para mi edad, y para protegerme de ella, tuve que aprender a reconocer las señales que me avisaban cómo escapar de su ira, lo que, por supuesto, solo la enfurecía más. Quería sentirme amada por la persona que era mi madre, pero no sabía cómo comportarme para merecer su amor y atención.

Aunque Danela sobrevivió a la parálisis infantil, permaneció cojeando toda su vida. Pero su discapacidad no le impidió ser una mujer inteligente con habilidades manuales superiores a las de los demás. A los quince años, era costurera y peluquera. Inventaba patrones y cosía todos nuestros vestidos. Tanto sus tejidos de gancho y crochet como sus bordados eran espectaculares. Vivió en Siria, se casó y tuvo cuatro hijos. A los cincuenta y dos años tuvo un infarto cerebral que la dejó paralizada del lado izquierdo del cuerpo. Cuatro años después, en 2010, mamá que la atendía en aquel momento salió de su habitación para tomar el aire por algunos minutos, y cuando regresó Danela había fallecido sola, en su ausencia.

La noticia de su muerte fue muy dura para mí, pues ella no solo era mi hermana, sino que la consideraba como una amiga. Habían pasado 17 años sin vernos y la distancia hizo que tampoco tuviera la oportunidad de despedirme de ella.

## Capítulo 9

Después de celebrar el cumpleaños de mi suegro, Michael y yo habíamos planeado una escala de tres días en Chicago, en el estado de Illinois, para que yo asistiera a la cincuentava edición de Neocon 2018, un salón de muebles al que había asistido desde 2010.

Llegamos a Chicago el lunes 11 de junio. El martes pasé al Merchandise Mart, donde se llevaría a cabo el salón, y me reuní con muchos de mis amigos y miembros del Color Marketing Group, quienes, como yo, asistían a la exhibición en busca de tendencias e inspiración de color.

El miércoles, salí del Mart alrededor de las tres de la tarde y en lugar de tomar un taxi decidí caminar hasta el hotel. El clima era hermoso. El sol brillaba y casi no había viento, lo cual es inusual en Chicago.

Quería disfrutar de un paseo y tomar fotos de los edificios a lo largo del camino, a manera de continuación del crucero de la Fundación de Arquitectura de Chicago que Michael y yo habíamos tomado más temprano ese mismo día por el río.

El hotel estaba en la Avenida Michigan, en el corazón del barrio Magnificent Mile. Me detuve a tomar una foto cada vez que un edificio me llamaba la atención. Como los turistas llenaban las calles y la circulación de las primeras horas de la tarde era intensa, me sentía invisible. Cada cual se ocupaba de sus propios asuntos. Nadie me prestaba atención. Los recuerdos de tiempos pasados, llenos de espantosas experiencias callejeras no solicitadas, inundaron mi presente.

Recordé aquel día en abril de 1997, cuando la agencia de viajes Travel Options en Montreal, en la provincia de Quebec en Canadá, me llamó para avisarme que podía recoger mi boleto a Dubái, en los Emiratos Árabes Unidos. Había asistido a clases nocturnas y de fines de semana durante dos años, y el 16 de abril terminaría mis estudios de posgrado en administración de empresas en la Universidad de Sherbrooke en Longueuil en la costa sur de Montreal. Había reservado mi vuelo para el día dieciocho, dos días después de mi examen final.

En aquel tiempo, yo trabajaba en una sucursal privada de una agencia estadounidense que brindaba servicios profesionales a demandantes de empleo VIP que ganaban más de cien mil dólares canadienses por año. Aunque la oficina estaba en el próspero suburbio de Westmount en Montreal, era un trabajo temporal y no tenía seguridad laboral ni plan de desarrollo profesional. El propietario, un caballero judío mayor, estaba a punto de jubilarse y necesitaba los servicios de una asistente para preparar el material que se enviaba por correo y organizar reuniones mensuales de conexión de contactos para los miembros.

Al graduarme de una universidad canadiense mi objetivo era mejorar mis perspectivas profesionales y conseguir un empleo permanente en el que pudiera obtener un ingreso de acuerdo con mi reciente estado de posgrado canadiense.

Mi amigo Mahmud, que vivía en Doha, en Qatar, y a quien llevaba diez años sin ver, me había propuesto el invierno anterior que nos reuniéramos en Dubái. Con mi ingreso semanal de setecientos dólares que servían principalmente para pagar mis estudios, mi alquiler y mis cuentas de electricidad y gas, no tenía suficiente dinero para pagar el boleto de $1.893 dólares canadienses. Vivía con lo mínimo, gastando menos de cincuenta dólares por semana en comida y gastos personales. Entonces, había decidido no considerar la propuesta de viaje hasta que Patrick, uno de los propietarios y gerente de otra empresa que tenía su sede en el mismo piso de la agencia en donde yo trabajaba, ofreció prestarme mil dólares para pagar el pasaje. No estaba dispuesta a aceptar, sin embargo, Patrick insistió en que debía aprovechar la oportunidad de viajar a Dubái.

En aquel momento no pensé que la generosidad de Patrick influiría tanto en mi vida y le daría un giro de ciento ochenta grados. Me entristeció mucho saber que falleció de un ataque al corazón en junio de 2015 y nunca pude agradecerle adecuadamente su acto de bondad.

Dando voz a mi silencio

El vuelo de la aerolínea Emirates aterrizó en Dubái en la madrugada del 21 de abril de 1997, con un día de retraso. Originalmente había reservado mi vuelo con la aerolínea holandesa KLM, pero debido a una tormenta de nieve inesperada en Montreal el día de mi vuelo, nos retrasamos. Al llegar a Ámsterdam había perdido mi vuelo de conexión a Dubái, por lo que me redirigieron a través de Londres en la aerolínea de Emirates.

Al salir del avión, me golpeó una bocanada de aire hirviendo y húmedo. Jamás había sentido algo parecido. El brillo del sol reflejado en la pista era tan extraordinario que me deslumbró. Descendí lentamente la escalera móvil. Cuando llegué al último escalón, apunté con mi cámara al edificio del aeropuerto e hice clic. Los dos policías militares que estaban a los dos lados de la escalera me gritaron: *"No photo! No Photo!"*, "¡No tome foto! ¡Sin fotografía!" Inmediatamente oculté la cámara a mi lado cuando vi sus manos en sus ametralladoras. Tenía miedo de que confiscaran la cámara y no quería ser arrestada a mi llegada a Dubái.

Cuando salí de la terminal del aeropuerto, el Dr. Yahya, el cardiólogo que trataba a Mahmud por un infarto que había ocurrido dos años antes, me estaba esperando. Me saludó y me ayudó con el equipaje. Me llevó a su villa subvencionada por el Hospital Rachid, donde trabajaba. Me quedaría allí un par de días hasta la llegada de Mahmud de Doha.

Tres semanas después me mudé a un apartamento amueblado en el barrio de Deira. Mahmud fue tan generoso que había pagado el apartamento por adelantado antes de regresar a Doha, para permitirme continuar mi estadía en Dubái hasta mi regreso a Montreal el mes siguiente.

Al día siguiente, salí del edificio en el momento de la puesta del sol. La temperatura estaba bajando, pero todavía hacía mucho calor y humedad. Jean, un nuevo amigo que conocí en Ajman, uno de los siete Emiratos que componen los Emiratos Árabes Unidos, y la persona que emitió el patrocinio para permitirme obtener la visa de entrada a Dubái, me recogería para cenar.

Mientras esperaba en la acera frente al edificio, un Nissan Patrol blanco se detuvo frente a mí. En él, dos jóvenes andaban vestidos de kandura tradicional emiratí, que es una bata holgada hasta los tobillos, y gutra, un tocado blanco local tradicional. El pasajero bajó la ventanilla. Estaba tan cerca que podría haberme tocado si hubiera querido.

*"Hello miss! How are you?"*, "¡Hola, señorita! ¿Cómo estás?", dijo en inglés con acento.

Di un paso atrás, permanecí en silencio y miré al otro lado. Desde mi tiempo en Siria, había aprendido que mirar hacia otro lado indicaba el deseo de no establecer conversación o involucrarse.

Él continuó: *"You beautiful! Please come! Come, we go for drink!"*, "¡Eres hermosa! ¡Por favor ven! ¡Ven, vamos a tomar algo!"

Aunque lo estaba ignorando, fue persistente y continuó tratando de invitarme a subir al carro. Luego, en un dialecto árabe local, que todavía no conocía bien, habló con el que manejaba y se rieron. Quedé perpleja.

Los varios intentos que siguieron me asustaron porque la calle estaba vacía y me sentí solitaria. Lo miré y le dije: *"Mister, if you don't leave now, I will call the police."*, "Señor, si no se va ahora, llamaré a la policía".

Ambos se rieron a carcajadas. Luego extendió el brazo fuera de la ventana y dijo: *"Here is my mobile, call the police!"*, "Aquí está mi móvil, ¡llama a la policía!"

Después de casi siete años en Montreal, donde amenazar con llamar a la policía se consideraba disuasivo, no esperaba tal reacción.

Me sentí ridiculizada y comencé a preocuparme. Pensé que no estaba a la altura del desafío, ya que esos emiratís, o locales como los llamaban los extranjeros, debían haber desarrollado herramientas diferentes a las de los sirios para seducir a las mujeres.

Para evitar cualquier confrontación posterior en la que podría haber terminado en el Nissan Patrol, lentamente di varios pasos hacia atrás sin dejar de mirar el carro, hasta que llegué a la puerta de vidrio del edificio. Rápidamente abrí la puerta con la llave que me había acostumbrado a tener en la mano cuando salía y entraba. Tenía la boca reseca, las manos y axilas me sudaban, pero me sentí un poco más segura una vez detrás del vidrio.

Segundos después se rindieron y los vi irse.

Cuando le conté el incidente a Jean, no se sorprendió. Dijo que el barrio era conocido por albergar prostitutas de Rusia. Fue incluso más allá al subrayar que algunos edificios en esa zona se alquilaban con una prostituta como parte de la estipulación. Estaba absolutamente asombrada y no podía creer lo que oía. Después, cuando pasé más tiempo en Dubái, me di cuenta de que la prostitución era muy popular, aunque se practicaba detrás de las sombras de las glamorosas ventanas de vidrio y las deslumbrantes vallas de las lujosas villas.

Montaha Hidefi

## Capítulo 10

En Chicago, mientras seguía caminando hacia mi hotel en el barrio de comercio Magnificent Mile, pensé en lo extraño y lo afortunada que era de poder sentirme segura caminando en las calles de una de las ciudades más grandes y peligrosas de los Estados Unidos, sin que nadie se me acercara y sin ser intimidada por piropos o acosos, como solía ocurrir en las calles de Damasco. Los sirios no perdían la menor oportunidad para tocar y pellizcar las extremidades de cualquier mujer joven que caminara en las aceras sin hiyab.

La primera vez que me manosearon tenía dieciséis años. Caminaba detrás de mi papá por la acera de la calle Al-Salhíe. Mientras me abría paso entre la multitud de hombres y mujeres con hiyab que lucían abrigos largos, beige y de otros colores pálidos, sentí un doloroso pellizco en el muslo. "¡Ay!", grité.

Confundida, miré a mi alrededor. Era imposible identificar al culpable. Me adelanté entre la muchedumbre para alcanzar a mi papá. Cuando me acerqué a él, le dije: "¡Alguien me acaba de pellizcar!"

"Sigue caminando", dijo. "Y quédate a mi lado".

No sabía entonces que ese pellizco sería el comienzo de una lucha perpetua contra el acoso callejero. Sospeché que mi padre conocía el fenómeno, pero no podía discutirlo abiertamente conmigo ni detenerlo.

Dado que la práctica de acoso se había multiplicado con el tiempo y los pellizcos en las calles aumentaron en lugar de terminar, tuve que pensar en qué hacer al respecto. No podía mantenerme en silencio y aceptar que los extraños se permitieran entrometerse con mi cuerpo sin mi consentimiento y sin ninguna consecuencia.

Las marcas moradas en mis muslos desataron un extraño deseo de lucha contra el inaceptable fenómeno. Para salvar mi dignidad, ¡estaba dispuesta a declarar la guerra!

Después de tomar la decisión de combatir la ofensiva callejera, la siguiente vez que me manosearon, casi en el mismo lugar donde sucedió la primera vez en Damasco, usé mi ira para contraatacar. Me di vuelta, corrí tras el hombre y le di un fuerte puñetazo en el hombro. Sorprendido, se dio la vuelta y gritó con furia, sin responder físicamente: "*Charmuta*!" Fue un momento de victoria para mí, a pesar de que me estaba insultando, llamándome puta.

Satisfecha con el resultado de mi improvisación, adopté la técnica como medida de represalia. Sabía que corría un riesgo cada vez que contraatacaba golpeando al transgresor en la espalda o en el hombro. Pero como lo estaba haciendo en público, pensé que estaría a salvo.

Sin embargo, un día un hombre se enfureció, me confrontó y me devolvió el golpe en la cara mientras gritaba: "*Charmuta*!" El gentío se involucró y lo detuvo. Estuve lastimada por un par de días, pero no iba a parar debido a un pequeño moretón en la cara y un golpe a mi orgullo.

Mi guerra personal se había vuelto aún más significativa. Ese incidente me volvió más cuidadosa, pero no menos decidida a continuar la batalla contra la conducta inapropiada en las calles. Sabía que todas las jóvenes y mujeres estaban expuestas al mismo comportamiento intolerable y quería ser la precursora al abordarlo.

El placer que un hombre podía obtener pellizcando a una chica en el muslo o tocándole la nalga eludía mi comprensión. Mi rabia contra la sociedad masculina siria aumentó. Estaba disgustada y criticaba la mala conducta en todos los lugares donde se podía. Sin embargo, muchos estaban convencidos de que no había remedio para vencer el acoso. Se consideraba una epidemia social.

Quizás no podía eliminarlo, pero estaba segura de que había creado un rasguño en el tejido entrelazado de la sociedad local y esperaba que sus abolladuras se expandieran. Sabía que me había puesto en situaciones que podrían haberme resultado contraproducentes, pero el fin justificaba los medios.

A principios de 1977, cuando me mudé temporalmente a Al-Nabek para comenzar a trabajar en la fábrica de zapatos, había dominado la técnica. Ya no temía la reacción de los hombres que me manoseaban y les devolvía los golpes con puños firmes. Estaba decidida a ganar la pelea.

Ubicada a ochenta kilómetros al norte de Damasco, Al-Nabek era una pequeña ciudad con menos de veinte mil habitantes. El área era árida, con temperaturas superiores a los treinta grados centígrados durante el día y tenía un suelo arenoso similar al del desierto, con árboles esporádicos y polvorosos. Había alquilado una acogedora habitación decorada con muebles antiguos en una casa familiar, no muy lejos de la plaza principal. La habitación estaba separada de la casa familiar y se accedía a través de una pequeña escalera desde el patio, donde había un naranjo fragante con una fuente de agua en el centro, algo típico de la arquitectura tradicional siria en Damasco y sus alrededores.

Al final de la tarde, para disfrutar de la brisa más fresca de la noche, cuando el calor se disipaba, los viejitos del pueblo se sentaban y descansaban, formando fila en la acera frente a las tiendas que rodeaban la plaza.

Una tarde salí para hacer algunas compras. Para llegar a la tienda tenía que cruzar la plaza. Los viejitos ya estaban descansando cómodamente en sus sillas plásticas, disfrutando de la brisa. Escuché unos pasos rápidos acercándose detrás de mí.

La cacofonía de los pasos se hizo más fuerte cuando el peatón pasó a mi lado. Me dio un pellizco en el muslo derecho y siguió caminando al mismo ritmo rápido, como si no hubiera hecho nada. Estaba tan trastornada y molesta por su comportamiento, especialmente por haberlo hecho frente a los viejitos que descansaban, que corrí detrás de él y lo golpeé varias veces en la espalda con todas las fuerzas que tenía. Siguió caminando y ni siquiera miró hacia atrás.

Asombrada, escuché a los caballeros mayores aplaudir animándome. En aquel momento, me sentí muy realizada, mientras les sonreía y sacudía la humillación. La noticia se expandió rápido en Al-Nabek y me hice famosa por golpear a un hombre en la plaza principal, lo que se convirtió en un disuasivo y desde entonces no volví a sufrir acosos en Al-Nabek. ¡Por fin había dominado el arte de manejar a los acosadores callejeros!

## Capítulo 11

Para conseguir un trabajo en una de las cuatro fábricas de zapatos que el gobierno sirio había recientemente decidido establecer en Siria, tuve que pasar un examen cognitivo que evaluaba mis habilidades de percepción, memoria, pensamiento, razonamiento y resolución de problemas, con el fin de estimar mi potencial para resolver problemas relacionados con el trabajo. La prueba fue ejecutada por expertos franceses de la Association pour la Formation Professionnelle de l'Industrie de Chaussures (APFIC), Asociación de Formación Profesional en la Industria del Calzado. En ese entonces era el centro de formación profesional más reputado en Francia, cuando este país era el líder de la industria del calzado.

Había cientos de solicitantes de toda Siria, pero sólo veintiocho de nosotros fuimos seleccionados para ir a Francia en un viaje subsidiado por el gobierno con el fin de capacitarnos en los centros de la AFPIC.

Aunque ninguna de las cuatro fábricas estaba construida cuando nos fuimos a Francia en febrero de 1976, el gobierno había prometido empleo en una de las fábricas después de concluir la capacitación. A cambio de la formación patrocinada en Francia, firmamos contratos que estipulaban que trabajaríamos en cualquiera de las cuatro fábricas durante cinco años consecutivos. Éramos tan jóvenes que ninguno de nosotros se preocupó por las estipulaciones del contrato. Lo más importante era viajar a Francia, sin nuestras familias.

Los cuatro meses que pasé entre Cholet, en el occidente, y Romans, en el sureste de Francia, me moldearon en una etapa muy temprana de mi juventud.

Según los resultados de la prueba cognitiva, los expertos franceses de la AFPIC me habían seleccionado originalmente para capacitación en Romans, para ser diseñadora de calzados. Sin embargo, los funcionarios responsables del gobierno sirio habían decidido segregar a las mujeres de los hombres durante el período de capacitación, por temor a que se establecieran relaciones íntimas y comportamientos indecentes entre ellos. Por esa razón, cambiaron mi asignación y me enviaron a Cholet para que me uniera a las otras jóvenes. Me enteré de este cambio el primer día de entrenamiento cuando me indicaron que debía aprender a coser, no diseñar, zapatos. En lugar de usar mi potencial basado en los resultados de la prueba cognitiva, la decisión del gobierno fue capacitarme junto con las otras jóvenes.

Esa fue una de las primeras, desconcertantes e impactantes lecciones que aprendí sobre la mentalidad masculina siria. Las mujeres no eran iguales a los hombres. Ellas no eran evaluadas en función de sus capacidades, sino más bien en función de su género, y su destino era decidido por hombres, que podrían haber sido de un nivel intelectual inferior.

Dos meses después de la capacitación, cuando comencé a dominar las técnicas de costura de cuero, recibí un aviso inesperado de los funcionarios sirios para mudarme a Romans. Uno de los aprendices en Romans tenía complicaciones mentales y era incapaz de completar su formación. Se les pidió reemplazarlo por alguien con habilidades cognitivas avanzadas, así que optaron por mí.

Después de todo, mi traslado a Romans fue una especie de triunfo. Allí estaba yo, la única mujer del grupo sirio que se entrenaba junto a los hombres. Es allí donde, en menos de tres meses, aprendí a hablar francés y a resolver problemas con el método francés "QOQQC : *Que fait-on ? Où le fait-on ? Qui le fait-on ? Quand le fait-on ? Comment le fait-on ?"*, conocido como herramienta de análisis de causa y efecto. ¿Qué está sucediendo? ¿Quién está implicado? ¿Dónde está sucediendo? ¿Cuándo sucede? ¿Por qué sucede? ¿Cómo sucede?

Este método tuvo una gran influencia en mi vida profesional y personal ya que lo he aplicado en todo lo que he hecho y sigo haciéndolo hasta el día de hoy. Me permitió resolver problemas, de todo tamaño, dividiéndolos en problemitas más pequeños, mediante la técnica de hacer preguntas.

Regresé a Siria siendo una persona diferente, competente, capacitada y calificada para enfrentar el mundo con una nueva perspectiva de estilo europeo y una nueva habilidad lingüística. Los meses que pasé sin la supervisión de mi familia me enseñaron a ser fuerte, a depender de mi propio proceso de pensamiento para afrontar el mundo exterior y ser yo, un volcán desencadenado en erupción, motivada a cambiar todo lo que me parecía incorrecto. A los dieciséis años me sentía indestructible.

Los años que siguieron demostraron que no estaba equivocada respecto a mí misma, pero aun así era una adolescente inocente, sin experiencia en asuntos de sociedad y culturas. Tuve que vivir la vida a medida que se desarrollaba y aceptar el hecho de que una mujer desafiando a toda una sociedad era una forma de suicidio mental. El camino que tomé, armada con nada más que determinación y amor por una vida mejor, me llevó a un sinfín de decepciones, desamores, explotaciones, maltratos y contusiones emocionales, pero salí de eso con sabiduría.

Durante mi estadía en Francia, no experimenté ni manoseos ni acosos. Quizás era demasiado joven. Quizás fui demasiado ingenua. Quizás estaba justo donde necesitaba estar.

Mi empleo en la fábrica de calzados en Al-Sweida fue muy satisfactoria los dos primeros años, después de que me trasladaron de Al-Nabek. A la edad de diecisiete años, estaba a cargo del departamento de planificación y tenía tres empleados a mi cargo. Todos eran mayores. Con el tiempo, había desarrollado una amistad con la más joven de ellos, Sijam.

En aquellos tiempos, no podría haber predicho la conducta inapropiada de su futuro esposo, años después, en 1989, durante mi empleo en la embajada de Canadá en Damasco.

Después de graduarme en 1988, obtuve una maestría en traducción e interpretación, un sueño inquebrantable que estaba decidida a lograr desde mi regreso de Francia doce años antes. Fue el mayor logro que pude incluir en mi caja de herramientas imaginaria que se volvía más real cada vez que le añadía un documento tangible. Una de mis profesoras, Hanan Al-Malki, me proporcionó una carta de recomendación y pidió que me pusiera en contacto con la embajada, ya que estaban buscando un traductor y asistente cultural y le habían pedido recomendaciones de recién graduados. Ella afirmó que estaba segura de que podría conseguir el trabajo. Tenía razón. Solicité y me contrataron. La señora Al-Malki fue otra persona importante e influyente en mi viaje por la vida. Deseo poder verla algún día para agradecerle en persona por el enorme impacto que su recomendación escrita tuvo después de graduarme.

Alquilé un apartamento en Mount Mazzeh, el mismo distrito donde se encontraba la Universidad de Damasco, pero en un barrio diferente. Elegí vivir en esa área debido a su proximidad a la embajada, que operaba al principio desde el Hotel Sheraton en la Plaza Umayín, frente a la biblioteca Dar Al-Asad para la Cultura y las Artes y que luego se trasladó sobre la autopista Al Mazzeh, a diez minutos del Sheraton.

Mazzeh era uno de los distritos más modernos y costosos de Damasco. Pude pagar el apartamento debido a mi posición bien remunerada como traductora oficial y asistente cultural en la embajada. Disfruté de mi trabajo y supe lo afortunada que era de haber sido seleccionada para trabajar con una misión diplomática de tan buena reputación. Como intérprete acompañé al embajador en numerosas reuniones con altos funcionarios del gobierno, mientras que como asistente del agregado cultural aprendí mucho sobre Canadá y me involucré en la promoción de la cultura canadiense a través de la participación en la semana de películas canadienses y de muchos otros eventos relacionados con las artes y la cultura del país.

Construí una red de amistades del medio diplomático basado en Damasco, así como de periodistas locales, artistas, actores y personas que trabajaban en diversos centros culturales ubicados en Damasco. Después de tantos años de desesperación en Siria, sentí que la otra cara de la moneda se descubría, ya que me estaba ganando el respeto de la sociedad local. Pero siempre me pregunté si eso se debía a mí, por ser una persona educada, o al puesto que ocupaba, ya que a la gente le gustaba entablar amistad con los empleados de embajadas con la esperanza de obtener *"uasta"*, sobornos, para sacar visas al extranjero y salir del país.

Sijam y su esposo Isam vivían en Dwel'a, a tres kilómetros al sureste de Damasco. Dwel'a era una ciudad bulliciosa en el área metropolitana de Damasco, con una población mayoritariamente cristiana.

Solía pasar las tardes donde Sijam mientras Isam estaba en los Estados Unidos tratando de ganarse la vida. Cuando las cosas no le salieron tan bien, regresó a Siria y, poco después, tuvieron un niño.

Aunque Isam provenía de un hogar acomodado de clase media, su familia no quería que él dependiera de su fortuna y había insistido en que encontrara un trabajo. No era un tipo educado, por lo que compró un VW Golf y lo matriculó como taxi.

Isam medía más de un metro ochenta y era delgado, con una espectacular nariz de halcón que le daba el encanto de Pinocho. Aunque no lo conocía bien, a menudo se unía a nuestras conversaciones y expresaba su disgusto e insatisfacción en Siria debido a la situación económica y política.

En un día de verano, polvoriento y nublado, cuando me preparaba para salir de su casa, él estaba a punto de comenzar su turno de taxi por la tarde. Sijam propuso que me fuera con él. Estuve de acuerdo, no solo porque era difícil tomar un taxi en Dwel'a, sino también porque el viaje en bus desde Dwel'a a Damasco era enormemente desagradable, casi hostil, con oportunidades abiertas para pellizcos y acosos.

Cuando empezó a conducir, para ser amable, inicié una conversación. Le pregunté sobre sus planes para el futuro. Comenzó a hablar de las dificultades que tenía con Sijam. Fui respetuosa y le dije que era una buena persona y que podía arreglárselas para tener una buena vida junto con ella o con cualquier otra persona.

Tan pronto como terminé mi oración, su mano derecha dejó la palanca de cambios y aterrizó en mi muslo izquierdo.

Me estremecí mientras apartaba su mano. Comenzó a decir lo hermosa que era y cómo me admiraba desde el día en que me conoció. Guardé silencio tratando de digerir las escandalosas declaraciones e insinuaciones.

"Conozco a un amigo que tiene un apartamento no muy lejos de aquí. Podríamos ir a pasar la tarde juntos", propuso.

"¡Esto no es correcto!", dije. "Sijam es mi amiga. No tengo ningún interés en ser tu amante".

Sorprendido por mi reacción, insistió: "Pero acabas de decir que soy una buena persona. Además, lo estoy pasando mal con ella y podríamos pasar tiempo juntos para sentirme mejor".

Confundida y decepcionada, continué rechazando sus acosos. Tan pronto como llegamos a la ciudad de Damasco, le pedí que se detuviera y me dejara allí. No quería que supiera dónde vivía. Se detuvo y salí del vehículo angustiada.

Mientras me alejaba y trataba de perderme en los pliegues de la realidad, pensé en cómo el incidente cimentó la amarga verdad que había formulado sobre los hombres sirios y desacreditó profundamente el poder vivir en paz en esa sociedad. Me di cuenta de la verdad sobre la naturaleza binaria de la personalidad de los hombres sirios. Entendí que su comportamiento hacia las mujeres era síntoma de un trastorno sicológico profundamente arraigado en la sociedad. En cierto modo buscaban comportarse como los occidentales, tener una mentalidad abierta, ser liberados y sinceros. Sin embargo, las tradiciones beduinas incrustadas en su ADN a través de cientos de años de chovinismo y lealtad excesiva a la cultura masculina eran más fuertes y permanecían presentes detrás del disfraz que retocaban para el mundo exterior. La mayoría de los hombres sirios con los que tuve contacto también se sentían con derecho a apropiarse de todas las mujeres que les atraían. Eran oportunistas. No importaba si estaban casados o en una relación, o si la mujer estaba casada o en una relación, cuando se sentían atraídos, tendían una emboscada y atacaban a su presa.

No volví a ver a Sijam nunca más. Estaba insegura sobre cómo arreglármelas para volver a ver a Isam. Tenía sentimientos contradictorios acerca de ser honesta con ella. No sabía si debía revelar o esconder los detalles del incidente. Siempre me pregunté si me habría creído si se lo hubiera dicho o si se hubieran separado por culpa mía. La situación era demasiado delicada y complicada. Decidí que lo mejor para ella y para mí era evitar cualquier confrontación y romper la amistad sin dar explicaciones. Quizás fue una situación de lucha o huida en la que fui cobarde y abandoné la escena sin dejar rastro, pero preferí que ella guardara un lindo recuerdo de mí y que mantuviera su matrimonio.

Montaha Hidefi

## Capítulo 12

A medida que pasaban los años, el trabajo en la fábrica de calzados en Al-Sweida se volvía más aburrido. Estaba segura de insultar mi inteligencia al quedarme con un trabajo fútil permeado de mucha política gubernamental y trámites burocráticos, mientras me pagaban solo trescientas cincuenta libras sirias al mes, menos de cien dólares estadounidenses, que era demasiado bajo incluso para los estándares de la época.

Un deseo creciente de distanciarme de la sociedad corrupta y podrida de Siria, que mis padres me impusieron, me inspiró a concebir un plan que resultó ser mi liberación del encarcelamiento social y la opresión que sentía allí. En mi mente, concebí una caja de herramientas imaginaria que se convirtió después en un maletín que me acompañaría en mi camino en Siria y más allá. Reconocí que, para escapar de la detención sicológica impuesta por las costumbres y tradiciones locales, así como por los acosos sexuales a pleno sol, necesitaba instrumentos que me permitieran salir del país. Necesitaba educación, posgrados e idiomas extranjeros. Necesitaba concentrarme en mí misma y hacer caso omiso de todo aquello a lo que estaba expuesta hasta que llegara el momento oportuno de irme.

Con eso en mente, desde que interrumpí mis estudios en el séptimo grado para irme a Francia, me autoeduqué en casa para el examen de nivel de educación pre-secundaria. Los estudiantes que no asistían a la escuela podían estudiar a distancia y presentar un examen.

Después de obtener el título, tuve que esperar tres años antes de aprobar el examen de nivel de educación secundaria superior, conocido como bachillerato, y un requisito para admisión en la universidad.

Cada nivel que quería alcanzar se convertiría en un logro, un trofeo que almacenaría en mi caja de herramientas ficticia para convertirse en una fuerza poderosa que alimentaría el futuro que imaginé en algún lugar del mundo fuera de Siria. Esa caja fue mi equipo de supervivencia para lograr mi sueño.

Comprendí que mi situación laboral en la fábrica de calzados nunca me llevaría a un puesto de alta importancia, aunque ya ocupaba uno de los puestos más importantes como planificadora de producción. Como era tan joven tenía muchos adversarios, aquellos que querían reemplazarme. Me propuse estudiar literatura francesa en la universidad con el objetivo de convertirme en traductora. Para entonces hablaba español, árabe y francés con fluidez y tenía un conocimiento funcional del inglés. Una especialización en traducción parecía lo correcto, aunque mi pasión eran las artes.

El concepto de tener una fábrica de calzados en Al-Sweida, empleando a muchas mujeres jóvenes para coser y realizar otras funciones manuales, era totalmente nuevo en la región y había suscitado mucha habladuría sobre mujeres que ofrecían servicios sexuales. Aunque solo eran rumores, la gente los creía y despreciaba a las trabajadoras. Muchos consideraban la fábrica como un prostíbulo. Hombres jóvenes y viejos, educados y sin educación, solicitaban trabajo allí para aprovechar la abundancia de mujeres.

Afronté numerosos acosos e invitaciones para salir a "divertirme", como solían decir. Sin embargo, no estaba interesada en ninguno de esos romances y siempre rechazaba las invitaciones.

El contrato con la AFPIC terminó en 1978. El gobierno sirio firmó otro contrato con la sociedad italiana Garditalia, que proporcionó expertos italianos para apoyar el diseño y producción de calzados. Los expertos iban a tener su base en Al-Sweida, donde se ubicaba la más grande de las cuatro fábricas.

El director general de la fábrica había organizado una reunión de empleados en la cafetería el primer día laboral de los italianos, para presentarlos y explicarles a los trabajadores el nuevo enfoque. Tras las introducciones, el jefe de los expertos italianos se puso de pie para dirigirse a los empleados y comenzó un discurso en italiano que bien podría haber sido un monólogo en una convención para sordos, pues nadie en la fábrica hablaba italiano.

Todos nos pusimos nerviosos y nos preguntamos cómo trabajaríamos con los llamados expertos si no lograban comunicarse con nosotros en nuestro idioma.

Como yo hablaba español, podía entender partes del discurso. El gerente general me vio asentir y me pidió que interpretara el discurso al árabe.

Temblando, dije: "No hablo italiano. El español es diferente".

"Puedes arreglártelas", dijo. "Necesitamos ayuda aquí".

Me acerqué al podio, miré al experto italiano y luego miré a la audiencia. Había más de cien empleados. Todos los ojos estaban clavados en mi dirección. Siguieron unos momentos de silencio. Podía sentir el sudor acumulándose en mi labio superior y mis piernas estaban débiles. Simulé una sonrisa.

Respiré profundamente varias veces, me quedé mirando un vacío inexistente frente a mí y comencé a interpretar al árabe mi comprensión de lo que decía el experto italiano. Los empleados comenzaron a animarse a pesar de que no estaba segura de estar traduciendo las palabras de manera correcta.

No había ninguna garantía de que hubiera hecho un buen trabajo con la interpretación. No obstante, ¡acababa de sobrevivir a mi primera charla pública! Fue un éxito rotundo que guardé con orgullo en mi caja de herramientas imaginada. A lo largo de los años, la caja se convirtió en un componente de supervivencia y estabilidad que me mantuvo conectada a tierra firme mientras esperaba alcanzar mi sueño, salir de Siria.

Un mes después de mi primera aparición pública, ya hablaba italiano con fluidez. Con la aprobación del director general, los italianos me enseñaron el idioma. Tomaba lecciones de una hora cada día. El parecido del italiano con el español era tal que era muy fácil de aprender. Agregué otro trofeo a mi caja de herramientas.

A pesar del repertorio de logros dentro de mi caja de trofeos, la sociedad no me consideró como una joven respetada y realizada hasta que comencé a trabajar en la embajada. El acoso sicológico continuó. El hecho de que yo fuera una mujer más en una sociedad dominada por hombres no mejoró mi estatus social, pero sí aumentó mi deseo de irme del país.

## Capítulo 13

Los gerentes de Garditalia estaban tan complacidos con mi desempeño, ya fuera en traducciones, administración o planificación de producción, puesto que yo era una aprendiz astuta y rápida, que me brindaron una invitación para visitar su sede en Salò, en Italia, a menos de dos horas al este de Milán.

Recuerdo ahora cómo los jóvenes peatones gritaban: *"Che bella! Che bella donna!"*, "¡Qué hermosa! ¡Qué hermosa mujer!", mientras paseaba a lo largo del Lago de Garda. A diferencia de los sirios, no hubo manoseos ni pellizcos, solo exclamaciones de admiración. Las suaves insinuaciones que estaban destinadas a halagarme podrían haberme llevado por otro camino si las hubiera tomado en un contexto diferente. Me sentí deseada, pero segura, en Italia.

En los años siguientes, visité Salò y la ciudad contigua Gardone Riviera varias veces, siempre por invitación especial de la dirección de Garditalia, y me sentí cómoda manejando charlas en público. Todavía me mantengo en contacto, hasta el día de hoy, con los expertos italianos que aún siguen vivos y con sus hijos.

Las historias de éxito que estaba recopilando en mi caja de herramientas imaginaria animaron una mayor motivación para obtener mi bachillerato y comenzar la universidad. Estudié durante tres años a un ritmo cómodo, mientras seguía mi trabajo en la fábrica.

Jasmine, una amiga mía casada que vivía en Al-Kafr, también se estaba preparando para el examen de bachillerato. Su marido era profesor de lengua árabe. Tenían una adorable niña de dos años y un bebé. Después del trabajo, solía ir a su casa y estudiábamos juntas. Su esposo nos ayudaba con la gramática y la sintaxis árabe.

Un día, estábamos tan involucradas con las tablas de conjugación que no presté atención a la hora. Había caído la noche mientras me dirigía a casa. A falta de postes de luz en la calle y sin linterna para iluminar el camino, la visibilidad era mínima. Aceleré mi paso porque me sentía incómoda con el miedo a la oscuridad y la expectativa de que alguien pudiera surgir de las sombras.

Escuché pasos aproximarse en la distancia. Mi corazón palpitaba a mil latidos por segundo. Se me secó la boca. Estaba temblando al pensar en un perseguidor desconocido en la oscuridad.

Segundos después una sombra comenzó a materializarse frente a mí y un joven apareció entre los pliegues del anochecer. ¡Se detuvo justo enfrente mío! Era Faisal. Vivía al otro lado del pueblo. En pueblos pequeños como Al-Kafr todo el mundo conocía a todo el mundo.

Me saludó con un melódico *"Masa alkher!"* con unas *"aaaaa"* alargadas, lo que significaba que estaba contento de verme. "¡Buenas noches! ¿Qué estás haciendo por aquí?", preguntó.

"Estaba estudiando donde Jasmine", respondí, ocultando mi ansiedad.

"¿Y cómo estuvo el estudio?", preguntó y continuó con otras preguntas insignificantes.

Anticipando una agresión inevitable, mi cerebro estaba elaborando un plan de escape, por lo que sus palabras sonaban como declaraciones sin sentido. No sabía cómo deshacerme de él. Dio un paso adelante y se acercó tanto que su rostro casi tocó el mío. Di un paso atrás casi perdiendo el equilibrio. Luego se inclinó hacia adelante en un gesto para besarme, por la fuerza.

¡No iba a permitir ese beso! Se estaba imponiendo sobre mí. Podía sentir la temperatura de su rostro grasoso cerca del mío. Traté de alejarlo, pero era mucho más fuerte que yo.

Fue un momento de amargura ya que no estaba preparada e iba cargando una montaña de libros en mi brazo izquierdo. Lo estaba alejando con todas mis fuerzas, pero no se movía. Quería golpearlo, pero había perdido mi ventaja. Entonces, en lugar de darle una bofetada, alcancé a rasgarle la cara con mis largas uñas. Perdió el equilibrio, lanzo un grito y se llevó la mano a la cara.

No recuerdo cuándo ni cómo empecé a correr. No me detuve hasta que llegué a casa, unos diez minutos después. Estaba temblando y sin aliento, como si hubiera pasado por una tormenta de nieve. Y, además, estaba furiosa.

Al día siguiente, vino a visitarnos Zakadi, una adolescente que vivía cerca de la casa de Faisal y era muy buena amiga nuestra. Mientras le contaba la historia, ella mencionó que lo había visto por la mañana y que tenía un arañazo visible en la mejilla. Me sentí satisfecha de haberlo afligido con una laceración física. Se lo merecía. Esperaba que aprendiera una lección.

Jamás lo volví a ver ni a hablar con él. Tenía un profundo sentido de orgullo por devolver el golpe cada vez que alguien intentaba acosarme físicamente y aprovecharse de mí.

Montaha Hidefi

## Capítulo 14

Viernes, 13 de julio de 2018. Qué día tan triste.

Kevin, un amigo de Michael, de unos cuarenta años, había fallecido de un ataque al corazón el sábado anterior. Michael me pidió que lo acompañara a la funeraria Gilbert Macintyre en Guelph, Ontario, para asistir a una Conmemoración de Vida en su memoria.

Cuando entramos, me di cuenta de que lo único que sabía sobre las funerarias provenía del programa de televisión americano *Six Feet Under* "Seis pies bajo tierra". No había estado dentro de una funeraria antes. Aunque había visto personas fallecidas anteriormente, no había sido en ese tipo de entorno.

En la sala, había una muchedumbre de casi trescientas personas. Conocía a Kevin a través de Michael y lo había visto solo una vez, siete años antes. Al escuchar a familiares cercanos y amigos hablar en el podio recordándolo me deprimí y lloré.

Estaba sintiendo una sensación de nulidad indeterminada. Nacemos, crecemos, estudiamos, trabajamos, amamos, luchamos, sufrimos, tenemos hijos, ganamos dinero, viajamos, escribimos libros, pintamos, soñamos, queremos vivir, queremos simplemente ser. Y de repente, ¡morimos! Todo lo que queda de nosotros es polvo y recuerdos.

La tristeza agitaba los cóncavos más profundos de mi corazón. Permanecí afectada toda la tarde y no pude funcionar.

Recordé la muerte trágica de mi tío Fuad, hermano de mamá, en un accidente de carro en la carretera de Damasco. Eso había sucedido algunos años después de que llegáramos a Al-Kafr. Habían transportado su cadáver desde el hospital dentro de un cajón de madera liviana. Cuando lo destaparon y lo sacaron para que reposara en un colchón, que yacía en el piso en el vestíbulo de la sala de velorios del pueblo, su cuerpo estaba tieso y tenían su cara y cabeza cubiertas con un pañuelo árabe llamado *hatta* para evitar que se viera su rostro destrozado. La *hatta* de cuadrados rojos y blancos era su tocado preferido. Su velorio duró casi todo el día. Yo estaba sentada en el suelo al lado de mamá, cerca de su cabeza tapada, y podía ver la sangre que empapaba el pañuelo en el lado izquierdo de lo que solía ser su rostro. Aunque yo era muy joven para conocer bien a mi tío, el hecho de estar tan cerca de su cuerpo inerte con aquella cabeza de pelota de cuadrados rojos y blancos y escuchar el sollozo de las mujeres en ese ritual mortuorio, me hizo llorar mucho y me desmayé varias veces por el dolor que me daba en la panza. El trastorno y el estrés de ese acontecimiento duraron durante toda mi juventud. La imagen deformada de mi tío se grabó en mi mente y la podía ver cada vez que cerraba los ojos. Me había traumatizado tanto que desde entonces evitaba ver a personas fallecidas.

De repente, recordé que ese mismo día, en 2010, nos mudamos a Guelph. Había conseguido un nuevo trabajo como directora de mercadeo para Norteamérica en una empresa austriaca de revestimientos en polvo y tenía que empezar al día siguiente. A principios de ese año, debido al colapso económico, había perdido mi trabajo anterior en los Países Bajos, como consultora estratégica de color a nivel mundial en una conocida compañía alemana de pigmentos para efectos especiales.

Volver a Canadá después de haber vivido once años en el extranjero como expatriada fue emocionante. Me gustaba mucho la empresa con la que firmé el contrato y estaba entusiasmada de volver a trabajar en mercadeo en un campo con el que estaba muy familiarizada: revestimientos en polvo.

Mi indeleble pasión por la industria de recubrimientos comenzó en Dubái. El incidente con los locales emiratís que me acosaron y me entregaron un teléfono móvil desafiándome a llamar a la policía no redujo mi deseo de quedarme en Dubái y ensayar un nuevo estilo de vida.

En aquellos tiempos, la única condición para que un extranjero permaneciera en Dubái era obtener un trabajo, lo que le otorgaba la emisión de una visa de residencia. Aunque Dubái era una ciudad típica del Medio Oriente, rodeada de arena y repleta de palmeras y camellos que cruzaban las carreteras libremente, tenía algo encantador y difícil de explicar. Me atraía de una manera extraña a pesar de que cuando me fui de Siria me había hecho la promesa de no volver a vivir en un país árabe.

Dubái parecía ser una encantadora zona desértica con muchos trabajadores de la India y del subcontinente asiático, y de otros países más. Era poco conocida en el mundo occidental en los años noventa. La gente ni siquiera sabía ubicarla en un mapa ni cómo pronunciar su nombre. Con sus 39 pisos, la torre del Dubai World Trade Center, Centro de Comercio Mundial de Dubái, de 149 metros de elevación, era entonces el rascacielos más alto del mundo árabe. Fue inaugurada por la reina Isabel en 1979. Ese edificio sigue erigido en el cielo de Dubái al lado del nuevo centro de comercio y exhibiciones en conmemoración de su pasado y de su significado histórico en una de las ciudades más modernas del mundo hoy.

Decidí conseguir trabajo. Una semana después, la agencia de empleo Nadia Recruitment me consiguió una entrevista con Alí Al-Bawardy, presidente de Al-Bawardy Investments, que tenía inversiones en los supermercados Spinney's Supermarkets. Buscaban un asistente administrativo.

Aunque acababa de completar mis estudios de posgrado en administración de empresas en la Universidad de Sherbrooke, en Canadá, mi plan era conseguir cualquier trabajo que me proporcionara una visa de residencia y luego buscar la oportunidad adecuada a mi propio ritmo.

Días más tarde recibí una oferta de trabajo con un ingreso de seis mil quinientos dírhams emiratenses por mes, el equivalente a dos mil trescientos dólares canadienses. Era poco menos de lo que ganaba en Montreal, sin embargo, considerando que no había impuesto sobre la renta, la ganancia de ingreso era neta.

Las funciones laborales eran básicas y cuando Alí andaba fuera de la oficina, lo cual era frecuente, no había nada que hacer excepto contar las horas. Aproveché esa oportunidad para arreglar su sistema de organización de documentos y deshacerme de los viejos archivos ocultos en carpetas por muchos años, mientras vigilaba los anuncios de trabajo en los periódicos.

Después de cinco meses de empleo con Al-Bawardy, Nadia Recruitment organizó otra entrevista en la Zona Franca de Jebel-Alí con una empresa estadounidense de renombre en la industria química. Gerard, el gerente de ventas nacional, originario de Francia, me entrevistó. Sentí que la entrevista había salido bien, hablamos en inglés y francés. La semana siguiente me invitaron a una segunda entrevista con Ángelo, el director general.

Ángelo, de nacionalidad italiana, me pareció muy profesional. Durante la entrevista hablamos en inglés e italiano. Siete días después recibí una llamada de la oficina de Nadia Recruitment y me notificaron que la empresa me hacía una oferta de trabajo para el puesto de gerente de oficina con un ingreso mensual de siete mil quinientos dirhams, o sea trescientos dólares más de lo que me pagaban en Al-Bawardy.

El ingreso adicional no fue el factor principal para aceptar la oferta. La motivación clave fue más bien los prospectos que de improvisto estaban disponibles para mí al trabajar con una sociedad de ese tipo, proporcionando mi primera experiencia con una empresa multinacional.

Aprendí mucho de Ángelo sobre el negocio en el sector químico a través de discusiones y reuniones, mientras Gerard me enseñó cómo apuntar clientes y cómo abordar el proceso de ventas. Estaba rodeada de dos consejeros bien informados, a quienes debo mis conocimientos básicos en la industria de productos químicos y recubrimientos.

Mi progreso profesional avanzaba a la velocidad de un rayo. Como tenía poco que hacer en mi vida privada en Dubái y no conocía a tanta gente, solía ir a la oficina los fines de semana. Ángelo notó mis contribuciones a la organización. En consecuencia, mi ingreso aumentó de manera constante. Dos años después mi salario se había casi doblado.

Además de mis responsabilidades como gerente de oficina, me involucré en dar servicio al cliente y manejé las cuentas claves por teléfono. Ángelo y Gerard me invitaban regularmente a acompañarlos en las visitas de clientes en Dubái, para que pudiera aprender más. Mostré un gran interés en el área de

Dando voz a mi silencio

ventas y quería avanzar en esa dirección. Al mismo tiempo estaba muy interesada en conocer más sobre cómo manejar negocios a nivel internacional, ya que las responsabilidades de la oficina incluían el mercado del Medio Oriente y no solo Dubái.

Las cosas andaban muy bien para mí. Estaba feliz y mi trabajo me satisfacía. Además, conocí a un capitán de barco danés y nos casamos el día de los enamorados, San Valentín, en 1998, poco menos de dos meses después de habernos conocido en una fiesta. A pesar de que el matrimonio no era una prioridad en mi vida debido a mis varios fracasos románticos anteriores, pensé que si me iba a casar ese era el momento oportuno, especialmente porque me había enamorado de Lars y él me pidió matrimonio.

Dado que Lars estaba casi siempre ausente de casa mientras navegaba por las aguas de muchos océanos y mares alrededor del mundo, yo pasaba la mayor parte del tiempo sumergida en mi trabajo y asumí responsabilidades adicionales en ventas. Comencé a hacer visitas de clientes en todos los países de Medio Oriente y asistí a reuniones de negocios en Francia, Italia y otros países europeos.

Una vez, nuestro mayor cliente en la región, una empresa de pinturas noruega organizó una reunión estratégica que incluía a funcionarios de sus oficinas en Dubái y Noruega, así como a las contrapartes de nuestra empresa en Dubái, Francia y Alemania. Ángelo insistió en que acudiera a la reunión, ya que me proporcionaría una exposición adicional para el futuro puesto que yo me estaba involucrando cada vez más en el departamento de ventas.

La reunión no fue tan exitosa como se esperaba. Los funcionarios de la empresa noruega exigieron servicios que sobrepasaban nuestra capacidad de cumplir. Mientras hacíamos una pausa para el almuerzo, nuestro contacto principal, Geir, gerente de compras de Medio Oriente, se sentó al otro lado de la mesa frente a mí. Ángelo tomó lugar a mi izquierda y Gerard a mi derecha.

Era la primera vez que me reunía con Geir. Me habían dicho que era golfista y utilizaba metáforas relacionadas con el golf para explicar su punto de vista. Aunque parecía dócil y taciturno, daba la impresión de ser hiperactivo y escandaloso.

A Ángelo le encantaba hablar bien de mí y lucir mis logros ante los clientes. Le dijo a Geir que tenía un MBA de Canadá.

Esbozando una sonrisa malévola mientras me miraba, Geir respondió con una pregunta: "¿Sabes lo que significa MBA?" Soltó una carcajada y dijo: "*Married But Available!*", "¡Casada pero disponible!"

¡Mi deseo inmediato fue extender la mano y darle una bofetada!

Debajo de la mesa, para callarme, Ángelo me dio una patada. Aunque teníamos una política de empresa que rechazaba el acoso, incluso de parte de los clientes, Ángelo quiso que fuera sumisa. Después de todo estábamos en una reunión estratégica con el cliente más importante y habría arruinado el resultado si hubiera reaccionado de manera negativa. Pero no compartí el punto de vista de mi jefe.

Nadie en la mesa hizo comentario alguno sobre ese acoso verbal ofensivo. Mantuve la calma y continué mi almuerzo como si nada se hubiera dicho, pero en el fondo estaba hirviendo.

A nuestro regreso a la oficina al día siguiente, Ángelo me explicó que como proveedores se esperaba que aceptáramos muchas cosas de parte de los clientes. Sentí que me estaban incorporando al mundo empresarial, que por lo tanto incluía acoso y mala conducta.

El año siguiente, cuando comencé a hacer negocios directamente con Geir como mi cliente clave, pude percibir sus metáforas inspiradas en el golf.

El escritorio de Geir siempre estaba inmaculado y libre de cualquier elemento. Su idea de hacer negocios en una oficina sin papel en 1999 precedió al concepto actual de las oficinas sin papel. Geir les decía a los proveedores de modo grosero, incluyéndome a mí: "Si quieres enviarme algo, mándalo por correo electrónico. De lo contrario, no lo leeré". Esto parece normal hoy en día, sin embargo, en aquellos tiempos la mayoría de las comunicaciones comerciales se realizaban por fax.

Hubo tantas quejas sobre su actitud negativa, su complejo de superioridad y su falta de respeto hacia los proveedores, que lo enviaron de regreso a Noruega y poco después lo despidieron, por lo que me enteré.

Arvid, su sucesor, era todo lo contrario. Era agradable y se preocupaba por los proveedores. Constituimos una buena relación profesional y seguimos siendo amigos hasta el día de hoy.

En 2001, el gerente superior de nuestra empresa, responsable del área de Medio Oriente, que tenía su sede en Sophia Antipolis en la Riviera francesa, me había aprobado un presupuesto para que siguiera mis estudios de posgrado en la Universidad Australiana de Wollongong en Dubái, donde adquiriría una maestría en negocios internacionales dos años más tarde. Quizás era otro logro para agregar a mi caja de herramientas imaginaria, que para ese entonces ya se había transformado en una valija llena de premios y trofeos que dichosamente llevaba conmigo en mi recorrido por el mundo.

A principios de 2003 la empresa decidió cerrar las operaciones en Medio Oriente y mi puesto fue abolido. Me ofrecieron trasladarme a Francia, lo cual rechacé, ya que el puesto ofrecido no estaba a la altura de mis planes profesionales y no ofrecía un paquete de compensación atractivo.

También estaba pasando por momentos estresantes. Lars y yo decidimos divorciarnos pues, en los últimos cinco años de matrimonio habíamos pasado poco tiempo juntos, debido a los planes de viaje de los dos. Viajábamos muy a menudo, pero no juntos. En ese tiempo estaba a punto de perder mi trabajo y estaba involucrada en varios proyectos de graduación que requerían atención considerable. Decidí quedarme en Dubái y conseguir otro trabajo.

A los dos meses tenía dos ofertas de empleo: una de parte de un cliente anterior y otra de uno de mis profesores en la universidad. Luego, Arvid me llamó para decirme que había una posición disponible en mercadeo en el área de recubrimientos en polvo, en una de las empresas de su grupo. Hasta entonces nunca había oído hablar de los recubrimientos en polvo y, aunque acababa de terminar mi maestría con enfoque en mercadeo, nunca había tenido un trabajo de tiempo completo en mercadeo. Aun así, me postulé para la posición.

Poco después me llamaron para una entrevista con Larry, vicepresidente regional para Medio Oriente. La entrevista fue positiva y Larry, originario de Canadá, me brindó la oportunidad de aventurarme en dos áreas con las que no estaba familiarizada: recubrimientos en polvo y mercadeo. Acepté el reto y tomé la oferta de empleo, la cual comenzaría más tarde en agosto.

Bruce, hermano de Larry, ocupaba el puesto de vicepresidente regional para el sudeste asiático en la misma empresa. Él tenía un carácter diferente al de Larry. Su personalidad, comportamiento y cualidades sugerían un complejo de inferioridad y rezumaban desconfianza. Trataba constantemente de demostrar su mérito en los negocios, sin embargo, no siempre estuve de acuerdo con sus decisiones.

A pesar de sus peculiaridades y de mis dudas en su forma de manejar negocios, tenía una relación profesional positiva con él, o eso creía.

En mi puesto de gerente de mercadeo a nivel global tenía la responsabilidad de viajar a todas las ubicaciones de la empresa en once países del mundo, en Europa, el Medio Oriente y Asia, incluyendo Tailandia, donde Bruce tenía su sede.

Garry, sobrino de Bruce, trabajaba también en Tailandia, en un puesto de ventas con responsabilidades para el sudeste asiático. Habíamos desarrollado una relación profesional respetuosa. En uno de mis viajes de negocios a Tailandia, Garry me reveló un asunto muy perturbador. En las reuniones y otros eventos de la empresa, Bruce se refería a mí como "*Miss Boobs*" o "Miss senos". Garry andaba extremadamente molesto por eso, pero me explicó que no era su lugar discutirlo con su tío.

No le mencioné nada a Bruce, pero cuando regresé a Dubái decidí no guardar más silencio sobre ese acoso. Informé a Larry sobre el asunto y pedí que Bruce cesara ese tipo de comportamiento irrespetuoso de inmediato. De lo contrario, llevaría el asunto a la sede en Noruega.

La siguiente vez que Bruce estuvo en Dubái, tocó la puerta de vidrio de mi oficina y con un gesto de la mano lo invité a entrar. Entró y la cerró detrás de él. Tomó asiento frente a mí, me miró a los ojos y dijo: "Lo siento. Estaba equivocado. No volveré a decir eso".

Durante los siguientes dos años, limité mi contacto con Bruce únicamente a asuntos comerciales importantes. Ya no quería tener nada que ver con él. Me producía amargura y no confiaba en él.

Misteriosamente, la empresa de recubrimientos en polvo donde comencé a trabajar en Guelph estaba presidida por Larry, quien se había trasladado a Canadá en 2006. La industria de recubrimientos y pinturas es como una burbuja llena de líquido. En su interior, todos nadan en las mismas aguas. Todos se conocen y la gente se traslada de una empresa a otra y es frecuente reencontrarse con colegas.

Una tarde de 2016 estaba en mi oficina en Guelph. Larry entró y dijo: "¿Adivina quién está aquí?"

No podía creer mis ojos cuando vi entrar a Bruce. Habían pasado muchos años desde la última vez que lo había visto o hablado con él. Dudé por un momento, pero igual me paré y le di la mano. Me sentí incómoda durante el corto tiempo que estuvo allí. El hecho de recordar su apodo en el pasado me dio náuseas, sentí el estómago revuelto y casi vomité.

El acoso y las insinuaciones sexuales en el lugar de trabajo son disimulados bajo disfraces múltiples. Recuerdo que, en 2010, uno o dos meses después de comenzar el trabajo en Guelph, asistí a una reunión de gestión de ventas. Mi jefe, Dan, vicepresidente de ventas y mercadeo, presidió la sesión. En el comienzo de la reunión, haciendo referencia a la pirámide de necesidades humanas básicas de Maslow, dijo: "¡Lo que un hombre puede ser, debe serlo!" Luego continuó aclarando que cuando un hombre se encontraba con cualquier mujer, lo primero que pensaba era algo como: "¿Estaría interesada en mí?", y si no, "¿cómo consigo que tenga sexo conmigo?"

Me sorprendió escuchar esa declaración introductoria, especialmente porque yo era la única mujer en la sala de reuniones. La mayoría de los colegas me miraron con una sonrisa de disgusto. Como me sentía incómoda y no estaba segura de si era apropiado hacer un comentario, ya que no conocía tan bien la cultura de la empresa, miré al suelo y guardé silencio. Nadie comentó nada y la reunión continuó.

Pasaron los años y noté que mi jefe solía usar metáforas con connotaciones sexuales durante las reuniones. Siempre etiquetaba sus alegorías a algunos gurús de los negocios que muy pocos de nosotros parecíamos reconocer. Aunque siempre apoyé la idea de no aceptar insinuaciones tan inapropiadas, me incomodaba hablar con mi jefe por temor a ser despedida, a pesar de que tenía una buena relación profesional con él y era honesta y abierta al dirigirme a él cuando se trataba de negocios.

La última vez que lo escuché usar las alusiones sexuales como metáfora fue durante una asamblea de equipo en la oficina de Guelph, donde unos cincuenta empleados del turno nocturno de producción se habían reunido en círculo.

A su turno de dirigir la conversación, comenzó la sesión preguntando: "¿Cuántos de ustedes han tenido una pelea con su pareja?" Se alzaron muchas manos en señal de convenio. Siguiendo con otras preguntas, concluyó con: "¿Cuántos de ustedes han tenido el mejor sexo de su vida esa noche después de tener una gran pelea con su pareja?" Aunque una gran parte de los empleados se rieron y comenzaron a hacer cacofonías de "¡Sííí!", la mayoría de nosotros miramos nuestros zapatos para ocultar la vergüenza. Él había repetido esa misma rutina el mes anterior en una asamblea similar en la ubicación estadounidense, con más de cien empleados presentes.

Terminada la asamblea, siendo parte del equipo organizador, solicité una junta posterior para obtener retroalimentación sobre la reunión. Él no pudo asistir a la sesión ya que tenía que atender a otro asunto importante. Fue en ese momento que la

## Dando voz a mi silencio

directora de recursos humanos y la directora financiera, que en paz descanse, pues falleció a principios del 2021 después de una corta pero grave lucha contra el cáncer, evidenciaron que esa retórica se consideraba sexista e inaceptable en el lugar de trabajo, y que tenía que parar. A la mañana siguiente, cuando le informé sobre eso, se enfadó al recibir esa retroalimentación y me confesó en privado que su lenguaje era normal y que las dos directoras se oponían a él porque no les agradaba.

Yo estaba muy satisfecha por el hecho de que dos mujeres que tenían el mismo nivel corporativo que él habían defendido a todos los empleados de la empresa, aunque no en su presencia. Muchos ejecutivos corporativos utilizan el prejuicio de género en el lugar de trabajo sin medir las consecuencias, e incluso no lo consideran como una violación a las reglas.

En paralelo, en octubre de 2010, el presidente global de la empresa en Austria, cuyo nombre era Clemens, me invitó a una reunión mundial de proyección de la empresa que tendría lugar en China. Era una reunión anual a la cual invitaban a ejecutivos de alto rango de todas sus ubicaciones alrededor del mundo para reunirse en una atmósfera amistosa, experimentar actividades de *team building* y redactar visiones futuras para la empresa. Durante una sesión relajada que me incluyó a mí, a Clemens y a su mentor de toda la vida, el señor Hemmedinger, Clemens dijo que, si no fuera porque estaba realizando un mes de abstinencia sexual, habría imaginado que otras cosas sucedieran entre nosotros.

Aturdida por su declaración tan directa, sonreí y quedé muda. Fue muy difícil tomar una posición en esa situación tan inesperada, ya que el ejecutivo de más alto rango de la empresa me tomó por sorpresa. En los años que siguieron nunca se discutió su comentario y él tampoco hizo ninguna otra insinuación inapropiada después de eso.

Al pensar en estas ocurrencias del pasado, aunque puedan parecer insignificantes y sin sentido para algunas personas, entiendo que debemos aprender a no permanecer en silencio en situaciones semejantes. Debemos aprender a cómo enfrentar al ofensor o, si no podemos, a cómo hablar con alguien que tenga el poder y la autoridad de enfrentar al ofensor. De lo contrario, las conductas ofensivas se agravan y se vuelven más difíciles de erradicar.

# Capítulo 15

Mi ceremonia de boda con Lars, a la cual asistió un pequeño grupo de amigos, tuvo lugar en la Iglesia de la Santísima Trinidad de Dubái.

Aunque crecí sin creer en Dios ni en religión, era consciente de que rompía los valores religiosos de mi familia drusa al casarme con un *ajnabi*, un extranjero. Como ya había roto muchas reglas convencionales antes, la religión no me iba a impedir estar con el hombre al que elegí. Además, siendo residentes de Dubái, solo teníamos dos opciones para casarnos mientras residíamos en el país. Para que el matrimonio estuviera legalmente registrado en Dubái, debía ser o por la iglesia o realizado por un imán musulmán. Nos decidimos por la iglesia.

Al mes siguiente le envié una foto de la boda a mi hermana Danela y a otra amiga en Siria, en quienes confiaba que no revelarían la noticia a la familia.

No anuncié mi matrimonio a mis padres porque temía ser matada a manos de un asesino que contrataran, pues no era permitido en la religión drusa que una mujer se casara con un cristiano ni con cualquier miembro de otra comunidad religiosa.

Incluso después de tantos años no había olvidado la angustia de un incidente que sucedió una vez al frente de nuestra casa en Al-Kafr.

Era el año 1978 y en ese momento salía con Adjam, un joven de Al-Sweida. Él era un año mayor que yo y nos habíamos enamorado el verano anterior después que un conocido común nos introdujo. Él era huérfano. Perdió a su madre cuando era niño y su padre los había abandonado. Nadie sabía dónde estaba su papá. Su tía los había criado a él, a su hermana y a otros dos medios hermanos.

Su tía lo amaba enormemente. Tres inviernos antes le había pagado un viaje a España para ir a buscar a su papá, pues se enteró de que vivía allí. Cuando regresó sin haberlo encontrado, estaba muy triste. Una noche le dijo a su tía que desearía tener un carro. A la mañana siguiente, cuando se despertó, encontró un maletín lleno de dinero junto a su almohada. Su tía le dijo que fuera a comprar el carro que le gustaba. Fue y se compró un Opel Ascona blanco.

Como él vivía en Al-Sweida y yo a quince minutos en carro en Al-Kafr, acordamos vernos los domingos y martes al anochecer. Él me recogía en el portón de la casa después del atardecer, y a escondidas nos íbamos a su casa y pasábamos la noche allí sin que su familia se enterara. Cuando me traía de vuelta más tarde a medianoche o al amanecer yo me deslizaba silenciosamente en mi habitación para no ser descubierta por mis padres y para que no se enteraran de mi ausencia. Este arreglo funcionaba bien y solo Danela sabía de mis escapadas nocturnas. Teníamos que mantener nuestra relación en la oscuridad ya que la sociedad drusa no permitía los romances en público.

Un día se le ocurrió ir a Venezuela a buscar a su papá después de que alguien le avisó que estaba allí. Me entristeció mucho verlo irse, pero no pude cambiar su decisión. Estaba tan enamorada de él que le prometí que lo estaría esperando en nuestro lugar secreto de encuentro.

Pasaron los meses y yo esperaba incansablemente, parada todos los domingos y martes en el portón de la casa. Nunca apareció y jamás envió cartas. Después de varios meses me cansé de esperar en vano, y decidí parar la rutina de espera.

Casi un año más tarde llamó por teléfono ofendido para decirme que no me había encontrado esperándolo, como le había prometido, cuando había pasado a buscarme el martes anterior. Le expliqué la situación y acordamos vernos nuevamente el domingo siguiente.

Se había reunido con su papá y ambos regresaron juntos desde Venezuela. Empezamos a vernos reiteradamente. Como había vendido su Ascona antes de irse a Venezuela, cuando regresaron, su papá compró un Mercedes-Benz 280c color burdeos.

Una tarde, cuando detuvo el carro al frente de la casa, antes de subir, me incliné hacia su ventanilla e intercambiamos cortesías. En ese mismo momento me di cuenta de que un caballero de edad pasaba por la calle. Llevaba un *sherwal* negro tradicional, como se les llama a los pantalones de Aladino, y una chaqueta negra. Reconocí que era de la familia Hidefi, aunque no directamente relacionado por sangre con nosotros. Vivía calle abajo en el mismo barrio. Cuando traspasó el carro, continuamos la charla y no le prestamos mucha atención.

Segundos después, cuando subí al carro, el perfume del cuero negro de los asientos nuevos y del tablero de instrumentos acarició mi nariz. La fragancia transmitida a mi cerebro me sumergió en nuestro tierno encuentro. Fue un segundo impecable de afecto y placer mental. Adjam empezó a manejar despacio, no muy lejos detrás del hombre.

De repente, vimos al hombre volverse hacia nosotros. A través de la corriente de rayos de luz del carro percibimos que tenía una pistola en la mano derecha apuntada en nuestra dirección.

Adjam frenó. Yo grité: "*Chu jeda?*", "¿Qué es esto?" No tuvimos tiempo de pensar en qué hizo que el hombre actuara de tal manera, pero sin importar la razón, no estábamos listos para reaccionar, pues nos tomó por sorpresa.

El hombre siguió caminando hacia nosotros con la pistola todavía apuntándonos. Grité: "*Suk, suk*", "¡Maneja, maneja!"

Ambos estábamos petrificados por la inesperada tensión del momento. La ansiedad aumentó. Me temblaban las piernas, se me aceleró el ritmo cardíaco y quería esconder la cara entre las manos, pero también quería seguir viendo lo que el hombre hacía. Adjam mantuvo la compostura mientras miraba hacia adelante, probablemente pensando cómo manejar la situación. La muerte marchaba en nuestra dirección, pero no sabíamos cómo detenerla ni cómo defendernos.

Siguiendo mis instrucciones, Adjam continuó conduciendo mientras el hombre se acercaba más y más. Luego, el estallido de un disparo desgarró el silencio de la tarde. Apenada, miré a Adjam y comencé a tocarme para comprobar si estaba herida cuando la segunda ráfaga de disparos, seguida por la tercera y la cuarta, rompieron la quietud de esa hermosa noche que nos habíamos prometido.

El hombre saltó a un lado para no ser atropellado mientras Adjam pasaba junto a él. Poco después escuchamos otro disparo y la bala pasó volando cerca de la oreja de Adjam, le rayó la mejilla izquierda y dejó un agujero en el parabrisas mientras continuaba su destino.

Adham se cubrió la mejilla con la mano izquierda. Supuse que estaba sangrando. ¡Estábamos aterrorizados! Siguió conduciendo. El hombre vació su recámara disparando la última bala que le quedaba.

Sobresaltado, Adjam pisó el acelerador y desaparecimos en la penumbra de la calle. Bajo el efecto de tan inesperada violencia quedamos sin palabras por un momento. Yo temblaba y no podía hablar.

Quería saber si Adjam estaba lastimado, pero milagrosamente su mejilla no sangraba intensamente. Manejó en silencio, llevándonos fuera de Al-Kafr. Cinco minutos más tarde llegamos a Jubran, una aldea al sur de Al-Kafr. Desde ese punto apagó las luces para no llamar la atención y tomó un camino de tierra hasta que no hubo más casas y solo las estrellas iluminaban el camino. Finalmente se detuvo.

Me miró, tomó mis manos entre las suyas y temblando preguntó: *"Biki chi, jayati?"*, "¿Estás bien mi vida?"

Sin saber qué tan lesionados estábamos, buscamos rastros de sangre en nuestras caras y en la ropa. Excepto por la delgada franja roja en el rostro de Adjam, no encontramos ninguna otra evidencia de sangre. Nos miramos y suspiramos profundamente.

Me abrazó y dijo: *"Al-jamdila al-salame!"*, "¡Gracias a Dios estás a salvo!"

Acabábamos de escapar de un tiroteo en una zona residencial de Al-Kafr. Eso era inimaginable. La única razón que se nos ocurrió para explicar el comportamiento del hombre fue el hecho de que podría habernos visto como si estuviéramos intercambiando afecto en público.

Medio paralizados por la ansiedad y el miedo, no sabíamos cómo reaccionar. Quería volver a casa, pero nos preocupaba que el vecindario hubiera sido alertado y nos enfrentáramos con refuerzos y más disparos. Decidimos pasar la noche en el carro bajo las estrellas. No teníamos agua, ni comida, ni cobertores. Fue una noche dura, interrumpida solo por nuestros tristes suspiros ocasionales. Hablamos muy poco y reflexionamos mucho.

Cuando los primeros rayos del amanecer rompieron la noche, Adjam manejó de regreso hacia Al-Kafr. No queríamos ser fugitivos. Desconociendo lo que nos esperaba, Adjam tomó la calle que conducía a mi casa. Todo parecía tranquilo y la calle estaba vacía.

Adjam me dejó en casa y se fue de inmediato. Para no alertar a mis padres, recorrí con mucha precaución la entrada pavimentada de treinta metros que separaba la calle de la casa. Cuando llegué a la puerta de mi habitación en el porche delantero, introduje la llave en el ojo de la cerradura y la giré suavemente. Abrí la puerta lentamente para que no chirriara y entré a la habitación de puntillas. No escuché ninguna voz proveniente del interior.

Rápidamente me puse mi ropa de dormir, abrí la puerta que conducía al pasillo y fui al baño a refrescarme. Minutos después, cuando fui a la cocina a preparar algo de comer antes de irme al trabajo, papá y mamá ya estaban en la cocina. Todo parecía normal y no mencionaron nada de la noche anterior. Supuse que no lo sabían. Estaba aliviada. Sacudí mis sentimientos de ansiedad, me cambié de ropa y me fui a trabajar.

Seguía preocupada y asustada. Esperaba que en cualquier momento apareciera alguien para matarme. Los días y semanas que siguieron estuve anticipando que alguien mencionara algo sobre el incidente, pero nadie lo hizo. Nunca se hizo alusión a esa noche. Adjam y yo doblamos el arrugado recuerdo y lo arrojamos al barranco del pasado.

Durante todo el tiempo que ha pasado desde entonces, he reflexionado mucho acerca de esa noche desafortunada y he intentado analizarla para entender el motivo de lo que ocurrió. Creo que aquel hombre de mente estrecha no toleraba ver a dos jóvenes de sexo opuesto conversando. Aunque ni siquiera nos estábamos tocando cuando nos vio, dado que yo estaba fuera del carro y Adjam estaba detrás del volante, él debió habernos percibido de manera diferente. Su mentalidad nómada, medida por diferentes estándares sociales, podría haber elevado su presión sanguínea hasta el punto de querer preservar el honor del clan, como era costumbre.

¿Pero, por qué llevaba un revólver? Al-Kafr era una aldea tranquila y sin violencia. ¿Acaso nos había visto antes y se había preparado para liquidarnos?

Si nos hubiera asesinado esa noche, no habría sido acusado de ningún delito, ya que se habría considerado como un crimen de honor, basado en la creencia de que yo había cometido una infracción que traía vergüenza a la familia y violaba los principios de la comunidad drusa. Se habría considerado como un crimen legal.

# Capítulo 16

A veces me pregunto si mi existencia fue un error en las ondas del tiempo. De lo contrario, ¿por qué he tenido que soportar tanto abuso y daño emocional proveniente de todas las capas de la sociedad?

Mi traslado a Canadá en septiembre de 1991 fue una válvula de escape que pensé que me llevaría a una sociedad libre de explotación y corrupción. Fue el logro principal entre todos los logros que reuní con mucho cariño en mi caja de herramientas ficticia durante tantos años.

Por desgracia, el prejuicio de género, a menudo oculto bajo muchas láminas de pretensión y presunción, se materializa en los lugares más inesperados.

A principios de los años noventa, dos años después de haberme trasladado a Montreal, había postulado a una vacante de traductora y asistente del cónsul general en el consulado egipcio. Mi primera entrevista con el agregado fue muy exitosa y, dado que tenía la experiencia necesaria gracias a mi empleo en la embajada de Canadá en Damasco, pensé que me ofrecerían el trabajo de inmediato.

La semana siguiente me invitaron a una segunda entrevista con el cónsul general. También pensé que la entrevista fue exitosa, ya que el cónsul expresó su satisfacción y me elogió por mi experiencia.

La subsiguiente semana recibí otra llamada y me pidieron que regresara al consulado para otra reunión. Cuando fui, el agregado me pidió que escribiera dos cartas diplomáticas en francés dirigidas al Ministerio de Justicia en la ciudad de Quebec. Las cartas se trataban de peticiones para cancelar multas de estacionamiento que dos diplomáticos del consulado habían recibido por estacionarse en zonas prohibidas. Me tomó poco tiempo componer las cartas. Ya listas, me dijeron que eran parte de una prueba para verificar mis calificaciones.

Esperé un par de semanas más sin recibir respuesta alguna. Tenía ansias de conseguir ese trabajo, ya que me habría permitido continuar mi carrera en el campo diplomático. Llamé para preguntar si me habían seleccionado. Me informaron que sí, pero que no era para el puesto para el cual había postulado, sino para un puesto de secretaria consular, que se ocupaba de los asuntos consulares públicos, junto a una secretaria ya existente.

Acepté la oferta de secretaria consular pensando que si tenía un pie adentro podría llegar a las altas esferas después. El pago era bastante inferior, sin embargo, me enfoqué más en el estatus asociado al trabajo en el campo diplomático y menos en la compensación financiera.

Después de comenzar, conocí a Magda, la chica que fue contratada para el puesto que había solicitado originalmente. Era de origen egipcio, acababa de mudarse de los Estados Unidos, hablaba inglés con fluidez, pero no hablaba francés y la traducción no era su fuerte. Ella era alta y delgada, con una tez oscura y peinado estilo bowl de Mireille Mathiew. Se presentaba de manera profesional y se comunicaba de manera asertiva.

Días más tarde Magda me pidió que preparara para el cónsul general un resumen de prensa diario, en árabe, basado en los periódicos franceses locales. Eso era parte de la descripción de su trabajo, no del mío, pero como no hablaba francés, no podía leer los diarios y por lo tanto no podía realizar la tarea. Sabía que se estaban aprovechando de mis calificaciones sin pagarlas.

El primer día que hice la traducción, se la pasé a ella. Su oficina estaba en el segundo piso, el mismo donde todos los diplomáticos tenían sus oficinas, mientras que yo quedé en la planta baja en el área de recepción. Media hora después sonó el teléfono de mi escritorio. Era el cónsul general pidiéndome que fuera a su oficina de inmediato. Me sentí incómoda con su solicitud. Él tenía un comportamiento asustador. Era bajo, de piel oscura y atrevido. Tendía a despreciar a la gente. Llegaba tarde a la oficina y se iba temprano.

Me preocupaba que la traducción no hubiera cumplido con sus expectativas y pensé que me reprendería. Me dirigí escaleras arriba a su oficina, toqué la puerta y esperé hasta que escuché su voz invitándome a entrar. Abrí, entré y me paré frente a su escritorio.

Me miró con una sonrisa más ancha que su cara y dijo: "¡Ven! Ven conmigo al balcón". Tomó una carpeta de su escritorio y abrió la puerta del balcón. Lo seguí.

Se sentó en una de las dos sillas de mimbre blancas que estaban separadas por una mesa de té también de mimbre. Me pidió que me sentara en la otra silla. Aunque el sol brillaba, era una mañana fría y húmeda. No esperaba sentarme afuera, así que no había agarrado mi chaqueta antes de subir. Me estremecí de frío y de ansiedad. Me senté en el borde de la silla y no lo miré directamente. No lograba entender lo que quería, pero tuve un mal presentimiento al respecto. Presentí que algo inmoral estaba a punto de suceder.

Me miró y dijo: "Te agradezco la traducción. A partir de hoy, quiero que vengas en persona con la traducción y me la leas. ¿Puedes leer esta ahora?"

Estaba bastante confundida. Saqué el archivo de la carpeta que me entregó y comencé a leer la traducción que había preparado antes. Me interrumpía con preguntas sobre los temas que estaba leyendo y, a veces, solicitaba mi opinión.

Al terminar, dijo: "Gracias. Te veo mañana. Pero no vengas hasta que yo te llame".

Regresé a mi escritorio sin entender lo que había sucedido. ¿Por qué quería que le leyera el resumen de prensa? ¿No sabía leer o era una artimaña para seducirme?

El resumen de prensa diario se convirtió en una rutina. Todas las mañanas, cuando se sentía listo, me llamaba para que subiera y yo se lo leyera. Durante nuestras breves juntas en su balcón fumaba su cigarro cubano y tomaba café turco, mientras escuchaba las noticias que le narraba como locutora de prensa. Cuando terminaba, él comenzaba a hablar de otras cosas. Me preguntaba de Montreal o de mi familia. A veces era una conversación banal, tan insignificante que no puedo recordar los temas después de tantos años.

En una ocasión, admitió claramente la razón por la que no fui elegida para el puesto de asistente y traductora. Dijo que yo era una mujer bonita y que mi belleza habría escandalizado a la comunidad egipcia y empezarían a acusarlo de tener una aventura con su asistente. Según él, tener una asistente "fea", como él había descrito a Magda, era mejor para él frente a la comunidad.

No entendí la lógica de su decisión, ni la entiendo ahora, pero tuve que aceptar lo que dijo sin mucha discusión por respeto a su posición como jefe de la misión diplomática. Con quien fuera que compartiera esta historia decía que ese hombre tenía hambre de poder. Sin duda, había dado prioridad a su estatus por sobre la ética en el lugar de trabajo.

Una mañana, más o menos tres meses después, la otra secretaria se ausentó y yo estaba tratando con numerosas personas que venían a recoger sus pasaportes renovados o sus documentos comerciales legalizados. Mi teléfono sonó. Era él. Me pidió que subiera para leerle el resumen de prensa.

"Lo siento, señor", dije, "no puedo ir en este momento. Hay demasiada gente en la recepción y estoy sola".

Su grito estalló por el auricular derramando rabia como un huracán. "¡Tú no decides qué hacer en este consulado! Cuando yo te pido que vengas a verme, ¡tú vienes a verme! No me importa si hay millones de personas en la recepción. ¡Debes venir ahora mismo!"

Me sentí tan insignificante que mi tamaño se hizo menor al de una hormiga. No solo me insultó y me faltó al respeto, sino que también me despojó del derecho a defenderme. En mi puesto, mi objetivo era brindar un servicio correcto y oportuno a las personas que visitaban diariamente el consulado, sin embargo, las prioridades del amo de la casa eran diferentes.

Dejé mi escritorio, me abrí paso entre la gente en el pasillo y subí a su oficina. Estaba muy molesto y no lo ocultó. Traté de explicarle la importancia de brindar un buen servicio, pero no quiso escuchar. Su principal preocupación residía en el hecho de que había desobedecido su orden. Aclaró que todos en el consulado debían obedecer sus órdenes y que yo le había faltado al respeto al cuestionarlo.

Cuando me di cuenta de que estaba atascado en su punto de vista, escuché sus quejas en silencio deliberado. Ese día no quiso que le leyera el resumen de prensa y bajé las escaleras con el sentimiento de haber sido atropellada por un tren. El resto del día fue muy difícil. Aunque traté de recoger los fragmentos rotos de mi cerebro, no logré juntarlos y funcionar correctamente.

Al día siguiente esperé su llamada todo el día para subir a leerle el resumen de prensa. Pero no llamó. Regresé a casa después del trabajo sintiéndome herida. Pasé la noche entera recapacitando sobre el incidente. Revisé cada palabra que dije y su tono. No pensé haberle faltado al respeto de ninguna manera. No logré comprender el motivo de su violenta reacción. Después de una cuidadosa reflexión, tenía que considerar mis opciones.

Por mucho que me pagaran, no quería ser esclavizada emocionalmente por un diplomático egipcio megalómano. Tenía muy claro quién era yo y lo que ambicionaba de un trabajo, y esa conducta no era aceptable.

A la mañana siguiente me ausenté. Llamé una hora después del horario laboral habitual y le pedí a la secretaria que le anunciara al cónsul general mi renuncia.

Montaha Hidefi

# Capítulo 17

Hubo un tiempo en mi vida en el que nunca aceptaba ningún modo de mala conducta, aunque fuera mínima. No estoy segura de cómo o cuándo, pero de alguna manera en un momento dado me volví complaciente, aceptando comportamientos inapropiados en el lugar de trabajo.

En la provincia de Quebec era bastante común que los hombres se dirigieran a las mujeres con el formalismo *petite madame* o pequeña dama, cuando no querían llamarlas por sus nombres.

En 1995 acepté un trabajo de asistente de ventas de medio tiempo en Montreal, en una empresa especializada en productos de limpieza y equipos sanitarios profesionales. Esto ocurrió posteriormente a una lucha contra la violencia doméstica que duró más de tres años consecutivos, al final de los cuales pensé que nunca podría volver a ponerme de pie.

Compartía la oficina con otra asistente de ventas y ocupábamos una pequeña sala conectada a la oficina de Pierre, el gerente de ventas nacional. Los vendedores solían acudir a la oficina para discutir sus dudas con Pierre o para recoger catálogos de productos.

Un día, uno de los vendedores llegó y dijo: "*Bonjour petite madame !*", "¡Buenos días pequeña dama!"

Juzgaba que llamar a una mujer "pequeña dama" era degradante. Era una forma de ridiculizarla y considerarla inferior. Jamás me habían llamado de esa manera, así que me sentí ofendida.

Me paré y le pregunté: "¿Ves lo alta que soy? ¡No soy pequeña en absoluto!"

Un largo silencio siguió y todos en el área circundante quedaron sorprendidos. Agitado, su rostro enrojeció y se disculpó, casi llorando.

En esa época yo estaba pasando por momentos postraumáticos y estaba en consulta con una sicóloga para ayudarme a manejar mi estado emocional posterior a la violencia, con el objetivo de recuperar la autoestima. Era consciente de estar quebrada por dentro y no quería seguir permitiendo que otros se aprovecharan de mí o me disminuyeran. Quería tomar agencia sobre quién era yo como persona y como mujer.

La noticia del incidente se propagó por toda la empresa en poco tiempo. Los empleados consideraron mi reacción como inapropiada, un ataque abierto contra la persona más amable de la fuerza de ventas. Aparentemente no sentían que fuera ofensivo y a otras mujeres les gustaba la forma en que se dirigía a ellas.

A pesar de la reacción de los demás, no sentí que estuviera equivocada. Si volviera a ocurrir el mismo incidente hoy, yo haría lo mismo. Me niego y me negaré siempre a que me llamen pequeña dama.

# Capítulo 18

La mayoría de nosotros estaríamos de acuerdo en que la forma más cruel del abuso, ya sea físico, sicológico, sexual o económico, ocurre cuando no es evidente para nadie más que para quien lo recibe y, en algunos casos, para quien lo inicia. Cuando la persona que recibe el abuso esconde los vergonzosos fragmentos del comportamiento abusivo en un espacio privado, sin compartirlos con otros, esto le da al malhechor un mayor poder para continuar el ejercicio ofensivo de control sobre la víctima, sin temor a represalias.

La conducta inadecuada oculta, aquella que se disimula con cintas de terciopelo coloridas y que se manipula con tramas y artimañas bien concebidas, como por ejemplo un halago amable acerca de la forma de vestir, un roce discreto de la mano o una invitación aparentemente inocente a tomarse un café, es la más denigrante, puesto que quien la recibe, según su edad y experiencia previa, es fundamentalmente incapaz de reconocer el acto como una señal de alerta.

Con base en mi experiencia personal, llegué a la conclusión de que ninguna mujer nace con la capacidad de interpretar el verdadero significado de las insinuaciones a las que se ve expuesta cuando estas ocurren por primera vez en su vida. Durante mi infancia y adolescencia, algunos eufemismos sexuales sonaban como música para mis oídos. Me halagaban y me hacían sentir fascinada. Me gustaba atraer la atención.

Mis habilidades de interpretación finalmente se pulieron al experimentar repetidas alusiones sexuales no solicitadas de parte de hombres de diferentes edades. A medida que crecí también aprendí que las técnicas de seducción siguen normas similares compartidas entre la comunidad masculina, como si todos hubieran asistido al mismo seminario de capacitación o leído el mismo manual de usuario.

A medida que el camino de mi vida me llevó alrededor del mundo, por pura casualidad, tomé conciencia de que no importaba adónde fuera en mi amado globo terrestre, con frecuencia era objeto de miradas y eufemismos indeseables, de parte de hombres y, en ciertas ocasiones, también de mujeres. Comencé a reconocer que esta forma de conducta, o mala conducta, trascendía las fronteras geográficas y culturales, y que se propagaba como un virus encarnizado entre una categoría específica de personas, aquellas que buscan imponerse con el fin de ganar autoestima a través del control que ejercen sobre su presa.

Antes de salir de Siria, había concebido en mi mente un paisaje colorido de un mundo fuera de allí donde no existiera la explotación. Un mundo donde las mujeres fueran valoradas por sus capacidades intelectuales. Un mundo donde las mujeres fueran respetadas como seres humanos. Un mundo donde la voz de una mujer fuera reconocida como sabiduría. Con todos los eventos que se han manifestado en mi vida, dejando cicatrices que solo sanarán con mi muerte, llegué a reconocer que mi percepción sobre el mundo fuera de Siria estaba a años luz de distancia de la realidad.

Si hubiera un escalafón para categorizar a las personas más abusivas de mi vida, colocaría a mamá como primera en la lista. Reflexiono sobre cómo deformó mi ser desde una edad temprana. Sus acciones abusivas continuaron hasta mis veintes y no pararon hasta que salí de Siria.

Incluso después de tantos años, nunca he podido borrar el recuerdo de una tarde en Al-Kafr en 1977, cuando su ira creó un gran alboroto en casa. Yo estaba de visita por un par de días mientras trabajaba en Al-Nabek. Ella entró lentamente en mi habitación para hacer una insólita declaración: "La gente dice que de noche te vas a Damasco para emborracharte".

"¿Qué gente?", le pregunté.

"La gente buena", dijo, frunciendo el ceño.

"¿Y tú crees esas tonterías?", la cuestioné.

"¿Tonterías? ¿Quieres negar tus viajes nocturnos con hombres a Damasco para emborracharte?", insistió mientras su voz se hacía más fuerte.

"¿Quién en su sano juicio creería que una persona tendría que ir de noche de Al-Nabek a Damasco, y regresar, solo para emborracharse?", aclaré. "Si quisiera emborracharme de noche, lo haría en Al-Nabek. ¿Por qué me molestaría en ir a Damasco?"

"¡No! ¡No te creo! ¡Todos dicen que eres una puta!", admitió mientras se ponía furiosa y caminaba de un lado a otro, dentro y fuera de la habitación.

"¿Yo soy una puta?", grité. "¿Le crees a tu 'gente buena' pero no a mí?", seguí gritando. "Solo un tonto creería que alguien viajaría de noche por más de una hora para emborracharse, y mucho menos tu propia hija. Sabes que yo tomo alcohol raramente", dije, enfurecida.

Mi disgusto aumentó cuando confesó que no solo no me creía, sino que estaba segura de que yo era una puta porque "la gente" lo indicaba. Salí de la habitación y fui a la cocina para tomar un trago de agua, con la esperanza de recuperar la calma. Ella me siguió mientras continuaba con sus acusaciones y denuncias por mi mala conducta. Quería interrumpir la confrontación porque consideraba que era irracional.

Serví un poco de agua en un vaso y tomé un sorbo. Cuando me di vuelta, ella estaba tan cerca de mí que podía sentir su cálido aliento en mi rostro. Andaba como un toro enfurecido al ver la muleta del torero. ¡Excepto que en aquel momento yo era la muleta! Cuanto más me movía, más la provocaba.

"*Inagsek ala umrik!*", "A ti no te importa nada", gritó. "¿Cuándo vas a morir para que pueda disfrutar de un poco de paz en mi vida?", dijo mirando hacia arriba, como si pidiera ayuda a Alá.

Para la joven brillante que yo era, el momento en que mamá, la mujer que me trajo al mundo, convocó a los dioses en mi presencia para condenarme a muerte, fue más destructor de lo que cualquier palabra podría expresar. Tan grande era el dolor que, si mis emociones fueran audibles, el universo estaría escuchando mis lamentos hasta el día de hoy.

La presión en mis sienes aumentó, palpitando contra mi cráneo. Tenía la sensación de humo calcinante emanando por mis oídos. Me estaba transmutando de muleta a toro. El efecto de rechazo me llenó de una rabia tan explosiva que incluso quería morir en ese momento para cumplir con la condena de mamá de deshacerse de mí.

Miré hacia la encimera de la cocina y vi un cuchillo de fruta en la canasta de alambre blanco que servía para secar los platos. Lo agarré y se lo entregué. Ella lo tomó sin dudarlo.

"¡Mátame!", grité, mientras tiré con fuerza la camisa de poliéster azul oscuro que envolvía mi delgado torso, desgarrando sus botones color blanco hueso y exponiendo el pecho a la hoja del cuchillo que sostenía. Estaba decidida a que mi vida terminara por sus propias manos, para que ella pudiera vivir para siempre con la dicha de haberme eliminado de su existencia, pero arrepentida por haberme acuchillado.

Se paró tiesa frente a mí con ojos vidriosos plantados en el abismo de la corta distancia que nos separaba. El tenue destello de luz en el borde del cuchillo se extendía mientras se acercaba a mi pecho.

"¡Mátame! ¡Mátame!", seguí rogando, alejándome de ella mientras las lágrimas inundaban mis mejillas.

"¿Qué estás haciendo mujer? ¿Estás loca?", resonó la voz de mi papá a través de las ondas electrizantes de la cocina.

La agarró por la muñeca y la apartó de mí.

"*Inti maynune*?", "¿Estás loca?", siguió diciendo. "¿Qué se puede hacer contigo, mujer?"

Me quedé allí, clavada a la pared de la cocina, inmovilizada y muda, testigo de la pelea que se desarrollaba a menudo entre ellos, en la que papá reprochaba las acciones de mamá.

La pelea me devolvió a la realidad. Peleaban por culpa mía. Una vez más, mi papá me salvó de las garras de mamá. Pero recuerdo que, en ese instante de debilidad, o desafío, estaba dispuesta a entregar mi vida. Posteriormente nunca se me ocurrió examinar a fondo el impulso de ese vergonzoso incidente. ¿Estaba deprimida? ¿Tenía pensamientos suicidas? ¿Quería que mamá fuera responsable de liquidar mi vida? ¿O es que quería

## Dando voz a mi silencio

demostrarle que habría muerto por mi libertad en tanto que mujer joven que vivía en una sociedad que la rechazaba?

Mi papá me arrojó un paño de cocina, "¡Cúbrete mija!"

El paño aterrizó en el suelo. Mis ojos parpadearon, sostuve los dos extremos de mi camisa desabotonada cerca de mi corazón, cubrí mi pecho y sacudí la cabeza como si despertara de una aterradora pesadilla. Me percaté de que mi relación con mamá era una secuencia de historias de terror. Me alejé y me encerré en mi habitación hasta el siguiente día.

Las acusaciones de mamá, basadas en rumores, continuaron durante toda mi estadía en Siria. Ella nunca reveló quién era la "gente buena", pero siempre creyó sus historias falsas acerca de mí.

La última agresión física que recuerdo de parte de ella debió haber ocurrido cuando tenía veintitrés años más o menos. Aunque no recuerdo la razón exacta de su enojo ese día, sí recuerdo que corrió detrás de mí, chancleta en mano, por el pasillo de doce metros de largo que separaba las habitaciones y conducía a la entrada principal.

Quise salir de la casa para evitar que me golpeara con la chancleta, como lo hacía cuando era niña.

Abrí la puerta de metal de la entrada principal, pintada de azul y amarillo pálido, y salí corriendo al porche. Antes de alcanzar a bajar los seis escalones de mármol que llevaban a la larga entrada de carros, recibí un golpe violento en el medio de los hombros cuando su chancleta aterrizó en la parte inferior de mi cuello. Mamá tenía un brazo potente. Nunca falló un golpe en aquellos episodios de rabia.

Ese día, además del fuerte dolor físico en el hombro, me sentí muy humillada porque el vecino de enfrente, un joven quizás algunos años mayor que yo, estaba parado en el balcón de su casa. Sabía que él había sido testigo de todo el incidente y eso me hizo sentir muy inferior y avergonzada.

En retrospectiva, entiendo que no era yo, sino mamá, quien debería sentirse avergonzada. Es típico de los abusadores no reconocer que su comportamiento es inaceptable y también es típico que las víctimas carguen con la vergüenza de sus agresores. Pero quizás la verdad más obscena es que el déspota era mi propia madre, la mujer que debería protegerme más que nadie. Siempre siento envidia cuando veo o conozco a personas que tienen relaciones afectuosas con sus madres y me pregunto de qué manera se habría desplegado mi vida si mi relación con la mía hubiera sido diferente.

# Capítulo 19

Después de mamá, quien continúo con el segundo peor abuso en mi vida fue Charles.

Poco después de mi llegada a Montreal, empecé a entender que era difícil para un *landed immigrant*, o sea inmigrante documentado, encontrar empleo. Las compañías buscaban contratar personas con experiencia laboral canadiense. Pero ¿cómo podía un inmigrante establecer su experiencia si nadie le ofrecía la oportunidad de comenzar en algún lugar?

Para desarrollar esta experiencia laboral, el primer trabajo que pude encontrar a través de la oficina gubernamental de empleo fue en el Centro de Artes Africanas. El centro manejaba un programa subsidiado por el gobierno que permitía al grupo de personas que lo establecieron importar de países africanos piezas de arte de valor bajo o medio, para luego venderlas en el mercado local. Entre todos los demás inmigrantes y canadienses empleados por el centro, yo era la única con una maestría.

Al principio parecía ser una oportunidad perfecta porque amaba las artes, pero posteriormente comprendí que no era el empleo para construir mi carrera. El gobierno estaba a punto de detener los subsidios y yo andaba buscando otro trabajo. Pero al menos entonces podría decir que tenía experiencia laboral canadiense, aunque solo fuera un par de meses. La única tarea que cumplí durante ese tiempo fue limpiar las máscaras africanas y otros objetos exhibidos.

Poco tiempo después encontré empleo por las tardes, a tiempo parcial, como agente en un *call center*. Mis obligaciones requerían que llamara a los televidentes y les leyera guiones en la pantalla de una computadora para preguntarles qué programa estaban viendo en ese momento específico y qué pensaban del programa. Fue un trabajo decepcionante ya que la mayoría de las veces a la gente no le gustaba ser molestada y colgaban.

Seguí la búsqueda y me inscribí en muchas agencias de empleo privadas y del gobierno. No mucho después, una señora de una agencia se mostró muy positiva acerca de mis posibilidades para un puesto de asistente de oficina que estaba tratando de cubrir. Me pidió que me presentara una mañana para darme instrucciones y la dirección de la empresa donde sería entrevistada por el dueño.

Llegué a su oficina a la hora prescrita y la esperé en la recepción. Pasó más de una hora mientras la esperaba. Le pregunté a la recepcionista sobre el retraso. La agente salió, me invitó a su oficina y me informó, desencantada, que el dueño de la empresa era judío y que quería contratar a una persona judía, lo que significaba que mi candidatura ya no era válida. Se disculpó por la molestia y dijo que se pondría en contacto para cualquier otra oportunidad futura.

En aquel momento sus palabras me golpearon como si hubiera recibido una bofetada intensa. Quería entender la lógica detrás de eso, ya que comprendí que era discriminatorio. Las dudas me preocuparon. Tan pronto como llegué a la calle, entré a la primera cabina telefónica y busqué en las páginas amarillas la dirección de la oficina de la Comisión de Derechos Humanos en Montreal. Tomé el autobús, fui a la oficina de la Comisión de Derechos Humanos en la calle Saint-Jacques y presenté una denuncia oficial. Estaba decidida a no aceptar esa forma de intolerancia racial.

Unas semanas después recibí una carta de la misma agencia para una cita en su sede. Durante la reunión, la agente y su jefe explicaron que habían recibido una denuncia oficial de la Comisión de Derechos Humanos y querían preguntarme qué solicitaba yo para retirar la denuncia. Pensando en el pasado, siempre pensé que en aquella entrevista trataron de eliminar cualquier rastro de violación de derechos humanos, ya que eso podía afectar sus operaciones. También pensé que querían asegurarse de que no pidiera compensación monetaria.

Por gracioso que les haya parecido a ellos, lo único que yo pedí fue una disculpa oficial por escrito y una oportunidad de conseguir empleo. Desde luego, solo quería conseguir un trabajo adecuado y no pensaba en ninguna compensación monetaria.

Una semana después recibí una carta de disculpa y a continuación fui a la Comisión de Derechos Humanos y retiré la denuncia. La agencia nunca me contactó de nuevo.

A través de los anuncios en los diarios encontré dos vacantes para las cuales las compañías mostraron interés en mis habilidades. Una de ellas era como asistente legal en la oficina de un abogado y la otra era como asistente de oficina en un taller de reparación de válvulas industriales. Me decidí por la segunda porque no me veía en un despacho de abogados.

Cuando comencé a trabajar en el taller de remodelación en Pointe-aux-Trembles, un barrio secundario situado al extremo este de la isla de Montreal, mantuve mi trabajo nocturno en el *call center*, hasta que me sentí cómoda con el trabajo nuevo con Charles, el dueño del taller.

El taller era una superficie desordenada, con mucha maquinaria y equipo en la parte trasera de una oficina modesta y desorganizada. Charles, un hombre apuesto, extrovertido y para nada académico, era agudo e inteligente, y siempre estaba bien informado ya que leía los diarios desde la primera página hasta la última. Tenía una personalidad sorprendente y mostraba confianza en sí mismo a pesar de su descontento con el taller y el hecho de que tenía una alta rotación de empleados. Alzaba la voz por teléfono y se dirigía a los empleados, cuya mayoría eran inmigrantes documentados, con indiferencia y desprecio porque pensaba que tenían bajo rendimiento y que le estaban robando.

Él me percibía como una salvadora y me daba muchas responsabilidades, incluyendo la contabilidad y el procesamiento de datos, aunque no tenía ninguna experiencia en ninguna de las dos áreas. Me incentivó a probar mis límites y a aprender con la práctica.

La víspera del Día de Acción de Gracias, que siempre cae en octubre, me preguntó si me gustaría acompañarlo a cenar en casa de su madre en Saint-Anicet, una pequeña ciudad a una hora y media en carro al suroeste de Pointe-aux-Trembles.

Como no tenía ningún compromiso durante esos días libres y esa era mi primera invitación al Día de Acción de Gracias en Canadá, acepté la invitación y él prometió traerme de regreso a Montreal después de la cena. Sin embargo, acabamos pasando la noche donde su madre, pues bebió demasiado vino y no estaba en condiciones de conducir, y yo aún no tenía licencia de conducir en Canadá.

La noche, la cena y el Día de Acción de Gracias fueron sorprendentemente agradables con Charles y su mamá en su espaciosa casa rústica que parecía una cabaña inmensa. Todo salió bien y disfruté la velada. Charles me mostró afecto y carisma. Pensé que estaba coqueteando conmigo. Sabía que yo le atraía.

Varias semanas después de la cena en Saint-Anicet, Charles y yo tuvimos un pequeño romance y a continuación me ofreció mudarme a su apartamento en Pointe-aux-Trembles, no muy lejos del taller. Pensé que me podría ahorrar los trescientos cincuenta dólares que pagaba por el apartamento tipo estudio que alquilaba en la calle Saint-Catherine, frente a la estación del metro Papineau, en el corazón del distrito gay. Acepté la oferta, pues sentía afinidad hacia él y nuestro romance parecía serio.

Un año después compramos una pequeña casa a mi nombre en Repentigny, un suburbio fuera de la isla al este de Montreal.

Charles bebía una botella de vino todas las noches después del trabajo. Su decepción con la falta de progreso del trabajo en el taller le generaba un alto nivel de ansiedad. Comenzó a volverse irritable y de mal genio. En el taller les gritaba a los empleados y los llamaba imbéciles. A mí también me gritaba cuando las cosas no ocurrían como él quería. Todos le temíamos. Ninguno respondía ni una sola palabra cuando él estaba en ese estado. A medida que el tiempo pasaba, los empleados se ausentaban y no volvían, pero yo quedé atrapada en todo ese lío.

Mi relación con Charles era complicada y yo dependía mucho de él. Él era mi principal fuente de ingresos, ya que poco después de mudarme a vivir con él me convertí en miembro de la familia y dejó de pagarme un sueldo declarado por el trabajo que hacía en la oficina. Sin embargo, me compraba los zapatos y vestimentas más caros, pero solo cuando estaban en rebaja. La primera vez que viajé a los Estados Unidos fue con él. Él pagó mi primer carro, un Chrysler rojo oscuro de segunda mano. No habría podido pagar los mil dólares que el dueño de Vermont pedía por él.

A medida que su insatisfacción con todo crecía, nuestras disputas se volvieron más frecuentes. Su abuso verbal aumentó con el tiempo. Comenzó a culparme por las cosas que salían mal en la oficina. Me decía que era "una imbécil de Siria que no sabía nada sobre la vida y el trabajo en Canadá". En cierto sentido, él tenía razón en que yo no sabía mucho sobre Canadá, pero también esperaba mucho más de lo que yo le podía ofrecer, ya que era nueva en el país. Después de todo, antes de mudarme a Canadá, era traductora y no gerente de oficina. Además, si no conocía todo lo necesario sobre el trabajo en Canadá no quería decir que fuera imbécil y no le daba el derecho de insultarme.

Un día, en la oficina, estaba tan molesto por algo que no recuerdo, que se puso histérico. Me tiró del brazo y me dio un puñetazo en el hombro izquierdo mientras gritaba con toda su fuerza sus habituales blasfemias quebequenses: *"Estí, Câlice de tabernacle!"* y *"Criss Câlice de tabarnak!"* Lo que significaba algo como "¡Jesús, no hay forma de que seas tan estúpida!". Me recordaba a mamá.

Incapaz de defenderme de otra manera, salí de la oficina, anunciando que me iba a la comisaría de Pointe-aux-Trembles, que quedaba a sólo cinco minutos.

Estaba confundida. Mientras trataba de explicarle la situación a la mujer policía, lo vi entrar a la comisaría con una gran sonrisa en el rostro. Me pidió que volviera con él. Le tenía tanto miedo a las repercusiones que no hice ninguna denuncia por violencia doméstica, a pesar de que la oficial de policía me animó a hacerlo.

Tuve que contemplar mis opciones. No sabía cómo reaccionar ni adónde ir si lo denunciaba o si me iba de la casa.

Fue tierno, amoroso y cariñoso los días que siguieron, como si nada hubiera pasado. Pensé que la violencia física era solo una fase y que volvería a la normalidad.

A medida que pasaban los meses y años, su estado de ánimo cambiaba a menudo. Algunos días estaba tranquilo, mientras que en otros era agresivo como un perro enfurecido. Aunque no se consideraba alcohólico, su consumo de alcohol aumentaba por las noches y así se escapaba de la realidad. Me consideraba su válvula de seguridad. Toda su rabia estaba dirigida contra mí. Aprovechaba cualquier ocasión para golpearme en la cara, los brazos o el pecho. Tenía moretones por todo el cuerpo que siempre trataba de esconder. Estaba avergonzada. No podía confesar el abuso físico a nadie. Y además no teníamos amigos, me tenía aislada en su pequeño reino. Me sentía humillada. Estaba reviviendo eventos similares a los que tuve con mamá.

Un fin de semana en que quiso arreglar la empalizada, me pidió que fuera al taller para buscar la madera necesaria que tenía almacenada ahí. Instaló el remolque que había arrendado detrás del carro y me fui con uno de sus empleados que lo estaba ayudando. En el camino de vuelta tomamos la autopista, lo cual él me había aconsejado que evitara porque estaba prohibido ir despacio y con un remolque. Como él lo había previsto, el remolque empezó a balancearse y una patrulla me detuvo, me puso una multa de ochenta dólares y me pidió que regresara para tomar la carretera lateral.

Al llegar a casa, cuando le conté lo que había sucedido, se irritó tanto que le proporcionó un gran puñetazo a la puerta del dormitorio, dejando un agujero bien definido que permanecería allí para siempre, como recuerdo de aquel día insólito.

Otra vez, en un momento de ira, le dio un golpe a la pared del comedor, no muy lejos de la puerta del dormitorio, dejando otro hueco más como testigo de sus violentas reacciones físicas.

Charles vivía en un mundo que existía solo dentro de su cabeza. Era indiferente a todo y vivía en negación total, hasta que un día leyó un artículo sobre el desequilibrio químico del cerebro y sobre cómo eso producía ansiedad.

Decidió consultar a un siquiatra, quien le diagnosticó un trastorno bipolar y un caso avanzado de depresión. Le dio una receta para antisicóticos que incluían Prozac y otros opioides. Comenzó a tomar sus medicamentos, pero su situación no mejoró. Al contrario, se puso más violento y yo temía por mi vida.

Hice mis maletas varias veces, pero no me iba. No sabía adónde ir. Estaba atrapada en un cuento de terror canadiense y no tenía a nadie en quien confiar. Su situación empeoraba y empezó a acumular todo lo que le caía entre las manos. Nuestra casa estaba tan llena con montones de revistas y periódicos que teníamos que caminar alrededor de estos. El siquiatra cambió la dosis de sus medicamentos varias veces, pero los episodios violentos persistieron.

Yo era miserable y estaba aislada del mundo exterior. No tenía ni amigos ni familiares. No podía hablar con nadie sobre mi caso. Solo salía de la casa para ir a la oficina y, desde la oficina, iba al banco o al supermercado y, una vez a la semana, hacía un viaje a Alburg en Vermont, para recoger su correo de los Estados Unidos. Él era titular de una *green card* y recibía correo de negocios en un apartado de correos en Alburg.

Una tarde, mientras estábamos en la oficina, el interventor financiero que venía de vez en cuando para revisar las cuentas notó la violencia verbal de Charles hacia mí. Charles tuvo que ausentarse y me dejó sola en la oficina con el interventor. Ahí me preguntó si estaba bien.

"Sí," le dije. "Todo está bien."

No me creyó. Continuó haciendo preguntas hasta que confesé el abuso y, llorando, le mostré los moretones que tenía en los brazos.

"Tienes que irte", insistió. "No puedes quedarte con una persona así. Tu no mereces esto".

"¿Adónde puedo ir?", respondí. "No tengo a nadie".

"Hay casas que se dedican a alojar a mujeres en tu situación", dijo. "Busquemos una en tu área".

No tenía ni idea de lo que estaba hablando. "¿Casas que alojan a mujeres en mi situación?" ¿Qué significaba eso de todos modos? Me explicó que la violencia doméstica contra las mujeres era un problema grave en la provincia de Quebec. El gobierno había patrocinado hogares para hospedar a las mujeres que atravesaban momentos difíciles como yo, hasta que encontraran una solución.

En las páginas amarillas buscó un albergue para mujeres maltratadas en Repentigny y encontró uno que quedaba cerca de donde vivíamos.

"Te recomendaría que te vayas hoy", dijo. "Antes de que Charles regrese. No es prudente que te quedes".

Después de las cinco cerré la oficina y me fui a casa. Charles aún no había regresado.

Metí algunas prendas de vestir y otras necesidades en una bolsa de plástico, le escribí una notita avisándole que no me buscara y salí de la casa rápidamente.

A los pocos kilómetros el ritmo de mi corazón aumentó a su máxima velocidad, cuando descubrí que el albergue quedaba a menos de cinco minutos. Le habría resultado fácil ver mi carro estacionado en la calle si hubiera ido a buscarme. Seguí manejando. Estaba asustada.

Al llegar al centro comercial Les Galeries Rive Nord, me estacioné allí y me quedé dentro del carro. No estaba segura de si lo quería dejar. A pesar de ser maltratada estaba completamente inmersa en esa situación. Sí, Charles era violento y me infringía mucho dolor físico y emocional, pero cuando estaba tranquilo era tierno y cariñoso. Me había ayudado durante los últimos años y aprendí mucho estando con él.

Me quedé en el carro hasta que el sol se puso en el horizonte. Me dieron escalofríos a pesar de la agradable temperatura del verano.

Tenía que tomar una decisión. Fue una de las decisiones más difíciles de mi vida. Mi existencia como ser humano estaba aplastada. Me sentía como una cucaracha destrozada bajo una bota de acero. Si volvía a casa, perdería la oportunidad que tenía para escapar de allí y comenzar una vida normal. Si iba al albergue, no sabía qué esperar. Había demasiados y misteriosos retos que superar.

Tenía hambre y estaba cansada. Encendí el motor y arranqué sin decidir mi destino final.

El albergue quedaba en camino a casa. Me detuve frente a la vivienda. Con sus luces de afuera apagadas, la oscuridad era densa. Un destello de luz apenas se avistaba detrás de una de las ventanas. Todo parecía lúgubre y sombrío.

Seguí manejando. Cuando llegué al siguiente cruce, me detuve de nuevo, di la vuelta, seguí manejando por toda la cuadra y después estacioné el carro al otro lado de la calle, frente al albergue. Apagué el motor, tomé la bolsa de plástico, recogí los pedazos que quedaban de mí en esa triste noche, crucé la calle y toqué a la puerta.

Sin saber a dónde me llevaría, esa puerta era una de las más penosas, pero quizás la más prometedora, a las que había golpeado en mi vida. Me imaginé parada frente a la cueva de Alí Babá y los cuarenta ladrones, pero no poseía las palabras mágicas para poder acceder a ella. No podía concebir los misterios ocultos detrás de ella ni los tesoros que quizás hallaría.

*"Qui est là ?"*, preguntó una voz femenina grave detrás de la puerta. "¿Quién está ahí?"

*"J'ai besoin d'aide. Pourriez-vous ouvrir la porte s'il-vous-plaît ?"*, respondí con cautela. "Necesito ayuda. ¿Podría abrir la puerta por favor?"

Una conmoción de clics y clacs resonó detrás de la puerta mientras yo esperaba en la penumbra. Cada vez que pensaba que la puerta se abriría, oía más cerrojos deslizándose. Se sentía como si estuvieran abriendo la puerta de una antigua ciudadela, con cientos de soldados con capas invisibles observando mis movimientos y esperando perforar mi piel con flechas si hacía un movimiento en falso.

Siguió un momento de silencio antes de que se abriera la puerta. A través de la tenue luz que aparecía por la rendija, pude ver un ojo abierto.

"*Qui êtes vous ?*", preguntó la mujer. "¿Quién eres tú?"

"Mi nombre es Montaha. Mi novio es abusivo y me dijeron que acá podrían ayudarme. Me fui de la casa hace poco y no tengo adónde ir", dije.

Escéptica y con ojos dudosos, la mujer me miró de pies a cabeza, mientras otras dos mujeres aparecieron detrás de ella.

"*Entrez, entrez !*", "Entra, entra", dijo, dejando espacio para permitirme la entrada.

Entré indecisa, como si ingresara en una prisión. El tumulto de los sonidos de los cerrojos se repitió detrás de mí, mientras que las dos mujeres me pidieron que las siguiera a través de la lúgubre sala de estar, a una habitación que servía de oficina.

Estaba tan cansada y asustada que no recuerdo cuántas preguntas me hicieron mientras una de ellas llenaba unos formularios que había sacado de un cajón. Me explicaron lo afortunada que era porque tenían espacio disponible para mí. Me trasladaron a una habitación, encendieron la luz y señalaron el baño al final del pasillo. Me dieron instrucciones acerca de que el baño debía ser desinfectado después de cada uso como cortesía para las otras mujeres que ocupaban el hogar. Indicaron que había sobras de macarrones con queso en caso de que tuviera hambre.

En la esquina de la habitación, cuyo color se veía crudo debido a la baja iluminación, había una cama individual cubierta con una manta de lana a cuadros rojos y negros. Junto a la cama, una lámpara descansaba sobre una mesita auxiliar de madera. Las persianas estaban cerradas. Tiré la bolsa de plástico y mi cartera sobre la cama y seguí a las mujeres hasta la sala de estar, donde me presentaron a otras mujeres que estaban sentadas allí mirando televisión. Un escalofrío recorrió mi columna vertebral.

Me retiré a la habitación sin comer las sobras que me ofrecieron. Siempre me gustó preparar y cocinar mi propia comida y no dependía de cenas preparadas. Una vez que estuve sola, me senté al borde de la cama como un guerrero retirado en un búnker. Estaba agotada. Inmediatamente después, las fibras de la manta de lana polar me ocasionaron picazón en los muslos a través de los pantalones. Siempre fui sensible a este tipo de fibras.

No dormí en toda la noche, pensando en Charles y en lo molesto que estaría al descubrir que me había ido. No me sentía cómoda con la manta de lana, ni con la idea de compartir el baño con otras mujeres que no conocía, ni tampoco con comer alimentos que no estaba acostumbrada a consumir.

A la mañana siguiente me levanté temprano para ir al baño antes que las demás. La supervisora ya estaba preparando café en la cocina. Tuve que sentarme con ella más tarde para repasar las fastidiosas reglas del albergue. Pensé que habría sido mejor llamarlas prohibiciones. La lista de cosas prohibidas incluía abrir las persianas, encender las luces de noche, dejar el inodoro y la ducha sin desinfectar después de cada uso, dejar la cocina sucia después de cada uso, evitar la colaboración para mantener las áreas comunes limpias y ordenadas, estacionar su carro al frente de la casa, salir sin permiso para evitar cualquier reunión con el abusador o evitar que localizara el albergue, ver la televisión o escuchar la radio a alto volumen, usar el teléfono, levantarse, dormir o comer fuera de los horarios prescritos, y, lo más importante, ausentarse de las sesiones proporcionadas por la supervisora para instruirse acerca del abuso. Sentí que estaba escondida en una casa de seguridad, lo que suele ser un albergue para mujeres víctimas de la violencia.

Dos días más tarde ya estaba cansada de compartir un espacio común con otras mujeres maltratadas y de escuchar discusiones sobre la violencia física mientras sus hijos jugaban y gritaban. Echaba de menos la tranquilidad de mi propio hogar, mi cocina y mi ropa. Extrañaba ir a la oficina y sentirme productiva. Esencialmente, extrañaba a Charles y mi vida con él.

Pedí permiso para ir al centro comercial a tomar aire fresco. Mientras estaba en el centro comercial, llamé a Charles a la oficina. Estaba calmado y apacible, y tuvimos una conversación decente. Me preguntó dónde residía y le dije que estaba en un albergue para mujeres maltratadas. La conversación fue corta, pero sentí que era la primera vez en dos días que hablaba con alguien que me entendía.

Esa misma noche, alrededor de las nueve, mientras todas estábamos sentadas mirando la televisión, el teléfono sonó y la supervisora anunció que era para mí.

Tomé el auricular y dije: "¿Hola?"

"*Salut mon bébé, comment ça va ?*", "Hola mi amor, ¿cómo estás?", preguntó Charles.

Casi me desmayo. Me pregunté cómo supo que estaba en ese albergue específico, pero sabiendo lo ingenioso que era, era fácil de adivinar.

Me sentí avergonzada porque todas me miraban y escuchaban lo que decía. Le dije que no podía hablar y terminé la conversación.

La supervisora estaba consternada. De acuerdo con las reglas de seguridad, se me pidió que abandonara el refugio de inmediato. Se suponía que mi abusador no debía encontrar mi ubicación por temor a un posible ataque contra el albergue. Mi llamada a Charles desde el centro comercial había puesto en peligro al albergue. Me permitieron pasar la noche porque ya era tarde.

A la mañana siguiente, me levanté, metí mis cosas en la bolsa de plástico y esperé a que la supervisora me despidiera. Me sorprendió cuando me dijo que por falta de disponibilidad en los otros albergues de Repentigny, me había encontrado una cama libre en un albergue de Montreal, en el barrio Le Plateau.

Quedé sorprendida con ese trato compasivo. Había pasado la noche anterior pensando en cómo sobreviviría con Charles al regresar a casa, pero en cambio la supervisora me encontró una habitación en otro albergue para protegerme del abuso. ¡Le estaba tan agradecida!

Mi reubicación al albergue en Montreal fue la clave para mi independencia de Charles y tal vez uno de los viajes más importantes que he hecho en mi vida, el cual abrió el camino para todo lo que siguió después de ese día.

Aunque la situación en el albergue de Montreal no era tan buena como la de Repentigny, conocí a otras mujeres con las que podía hablar y me hice amiga de varias. Una de ellas y sus hijas siguen siendo mis amigas hasta el día de hoy.

A través de las sesiones semanales durante las semanas sucesivas, aprendí sobre las cuatro etapas del ciclo del abuso. El abuso comienza con la tensión entre una pareja. Luego le sigue una etapa de violencia leve o aguda. Después de un episodio de violencia, el abusador suele reconciliarse con la víctima y pasan por la llamada luna de miel. La luna de miel va seguida de un período de calma donde la pareja vuelve a disfrutar de su vida y la víctima cree que todo está bien. Según Lenore E. Walker, quien desarrolló la teoría social sobre el ciclo del abuso después de haber entrevistado a más de mil quinientas mujeres que fueron sometidas a violencia doméstica en 1979, existen patrones de comportamiento en una relación abusiva y el ciclo sigue un cierto orden. Las mujeres maltratadas como yo necesitamos aprender a reconocer esos esquemas para poder evitar que el abuso se repita con otro abusador.

Dos meses después me mudé a un pequeño apartamento subsidiado y patrocinado por el albergue. El alquiler no era muy costoso y lo podía pagar gracias al modesto ingreso de asistencia social que recibía. Luego busqué empleo y encontré un trabajo a tiempo parcial como asistente de ventas en una empresa de suministros de productos de limpieza y de equipos sanitarios.

Montaha Hidefi

# Capítulo 20

Durante mi año de graduación de la Universidad de Damasco en 1986, tuve que encontrar una fuente de ingresos para cubrir mis gastos diarios. Las amigas de Ruth, dos hermanas de Turquía eran novias de dos hermanos de una acaudalada familia damascena. Ellos eran dueños de tiendas comerciales en el zoco de Souq Al-Hamidía. El zoco, un área comercial con un techo de hierro arqueado de seiscientos metros de largo, era la zona comercial más grande de Siria y estaba ubicado dentro de la antigua ciudad amurallada de Damasco, adyacente a la ciudadela. Este zoco, que data de la época otomana, es considerado uno de los centros comerciales más antiguos del mundo y siempre estaba lleno de gente.

Los hermanos me recomendaron pedir una entrevista con Fathi, un próspero hombre de negocios damasceno que tenía un negocio de importaciones y exportaciones y tenía su oficina en la zona del zoco. Quería emplear a una secretaria que hablara inglés para que se ocupara de su correspondencia con los países asiáticos.

Tomé un taxi para llegar a la oficina en la calle Al-Asrunía, antes de la entrada principal del zoco. Cuando llegué, vi que no había edificios de oficinas, solo almacenes con puertas de acero enrolladas pues el calor y la humedad de la tarde llenaban el ambiente con aire sofocante.

La dirección que me habían dado coincidía con uno de los almacenes. Pregunté por Fathi a uno de los obreros y me indicó que tomara las escaleras de un almacén al otro lado de la calle.

Para llegar a la escalera, tenía que pasar por medio de paquetes voluminosos esparcidos por el piso del almacén. En lo alto de la escalera había una estructura de cemento sostenida por cuatro columnas de hormigón. Era evidente que la estructura no hacía parte original del almacén y que había sido agregada después.

Mientras subía los escalones, un olor a humedad emanó de la puerta abierta.

La tal oficina era bastante sombría y estaba iluminada únicamente por los últimos rayos del sol de la tarde, los cuales entraban por una gran ventana detrás de un costoso escritorio de madera donde Fathi estaba sentado. Lo saludé con un apretón de manos y me presenté. Me pidió que me sentara en una de las dos lujosas sillas de madera de estilo damasquinado frente al escritorio. Montones de archivos de papel y documentos cubrían el escritorio y una hermosa alfombra persa cobijaba el suelo.

Me dijo que necesitaba una secretaria para trabajar cuatro horas al día, desde las diez de la mañana hasta las dos de la tarde, para redactar y mecanografiar cartas en inglés dirigidas a empresas en Taipéi. A cambio, me brindaba suficiente dinero para cubrir mis gastos. Dijo que podía empezar al día siguiente.

Aunque mi inglés era satisfactorio y me sentía muy cómoda usando la máquina de escribir, no sabía dónde quedaba Taipéi y nunca había escrito una carta comercial. Sin embargo, me quedé callada porque mi principal preocupación era conseguir el empleo. Pensé que podría aprender cosas nuevas mientras las hacía.

Durante las siguientes tres semanas trabajé en la oscura oficina del piso de arriba, sentada detrás del escritorio de Fathi. Aunque me aburría con muy poco que hacer, me acostumbré al olor de lana y seda de la alfombra, la fragancia de los muebles damasquinados y el aire estancado. Después de haber organizado los archivos cubiertos con el polvo de muchas estaciones, la mayoría de los días no hacía nada y tampoco veía a Fathi. Aprovechaba el tiempo libre para estudiar y hacer mis tareas.

Cuando Fathi necesitaba una carta mecanografiada, aparecía rápidamente y me dictaba su contenido en árabe. Yo tenía que componer la carta en inglés. Después de haber hecho esto por un tiempo, me di cuenta de que las cartas que componía no estaban dirigidas únicamente a Taipéi, que, como descubrí años después, era la capital de Taiwán. La mayoría de las cartas eran documentos de soporte de importación para ayudar a despachar mercancías importadas de Taiwán en la aduana siria. El contenido mostraba cifras y números diferentes a los de otro conjunto de documentos y facturas originales, los cuales una vez cayeron en mis manos por pura coincidencia, pues yacían en el escritorio desde la noche anterior, probablemente por error.

Deduje entonces que mi función era falsificar documentos de importación. No me sentía cómoda con este puesto y aunque quería irme, no quería cortar la única fuente de ingresos que tenía. Les pregunté a los dos hermanos damascenos si sabían sobre otras vacantes.

Algunos días después me recomendaron que llamara a un número para concertar una cita con alguien que quería contratar a una secretaria. Al llamar me dieron la dirección para ir a una entrevista. Cuando el taxi me dejó frente al domicilio, me encontré en una zona residencial frente a un edificio de apartamentos de ocho pisos. Subí las escaleras hasta el segundo. No había ningún cartel en la puerta, solo el número del apartamento. Toqué el timbre. Un joven abrió y me dejó entrar.

La sala estaba vacía excepto por un gran escritorio de metal en el medio, una silla detrás y un sofá al lado de la puerta de entrada. Vi otros escritorios de metal en otras dos habitaciones que tenían las puertas abiertas. Tres hombres que estaban en una de las habitaciones mantenían una conversación que parecía seria.

Después de terminar, salieron a la sala y uno de ellos me invitó a entrar a la misma habitación. Me pidió que me sentara en una de las sillas frente al escritorio.

El hombre parecía tener poco más de treinta años y estaba bien vestido y arreglado. Con acento damasceno, preguntó por mi experiencia. Le dije que actualmente estaba empleada pero que buscaba un puesto superior. Por su expresión supuse que estaba satisfecho con mis calificaciones.

Luego dijo que me daría el empleo. Sin embargo, quería plantear algunas condiciones para que pudiéramos entendernos de antemano.

"¿Qué condiciones?", le pregunté.

"Todos los miércoles", dijo, "tendrás que pasar tiempo conmigo después de las tres de la tarde".

"¿Para hacer qué?", pregunté.

"Tú sabes".

"No señor, no sé. ¿Me podría explicar, por favor?", continúe.

"Soy un hombre", agregó, mientras su sonrisa se ampliaba y sus ojos brillaban.

Es posible que no pareciera estar a su mismo nivel de comprensión cuando le afirmé: "Sí, lo sé, usted es un hombre, señor".

"Sí", continuó, "Y como hombre tengo necesidades físicas que deben ser satisfechas".

"¿Qué tipo de necesidades físicas, señor?", pregunté con sinceridad.

Me miró con asombro, como si se preguntara si era estúpida o desacertada.

"¡Las necesidades de un hombre son bien conocidas!"

Al entender que aspiraba obtener favores sexuales todos los miércoles, empecé a contemplar la mejor manera de terminar esa entrevista sin ser asaltada sexualmente. Habría sido fácil para él o para cualquiera de los otros hombres aprovecharse de mí. Después de todo, estábamos a puerta cerrada. Incluso si hubiera gritado, nadie me habría escuchado. Estaba indefensa y necesitaba usar mi inteligencia.

Mientras él esperaba mi respuesta, lo que pude ofrecerle en ese momento fue un rostro pálido y un corazón latiendo a un millón de latidos por minuto. Sabía que, a pesar del miedo a ser violada, tenía que mantener mi compostura y actuar como si lo que estaba sucediendo fuera normal.

Después de una larga pausa, durante la cual traté de localizar a los otros hombres a través de mi visión periférica, me levanté lentamente, sonreí falsamente y pregunté con cuidado: "¿Me puede dar tiempo para pensarlo?"

Se puso de pie, caminó hacia mí y respondió: "Necesito una respuesta para mañana, pues tengo otras candidatas".

"Llamaré mañana", dije mientras nos estrechamos las manos.

Di la vuelta con cautela. No quería darle ninguna oportunidad de agarrarme por la espalda. Salí de la habitación lentamente mientras miraba a mi alrededor para mantener a los otros hombres a la vista. Uno de ellos estaba sentado en el escritorio de la sala. Pasé hacia la puerta. Le di vuelta a la manija y salí rápido, cerrándola detrás de mí. Bajé las escaleras corriendo para salir del edificio antes de que alguien me siguiera.

Cuando llegué a la acera, me detuve un momento y expulsé el aire de mis pulmones con fuerza. Me alejé apresuradamente del edificio mientras miraba hacia atrás para asegurarme de que no me siguieran. Detuve un taxi y desaparecí del barrio.

Permanecí en un estado de choque durante los días que siguieron y no pude comprender la franqueza inapropiada de ese individuo durante esa entrevista del infierno. Sin embargo, estaba agradecida de que tuvo la audacia de plantear tal condición desde el principio, durante la entrevista, en lugar de esperar hasta contratarme.

De ningún modo volví a llamar y renuncié al otro puesto en Al-Hamidía esa misma semana.

Montaha Hidefi

# Capítulo 21

Cada cultura tiene sus propias costumbres y tradiciones que se transmiten a través de generaciones para preservar sus normas y prácticas. Intentar aprender sobre una cultura para comprenderla, o haber nacido en esa misma cultura sin comprenderla, es como tratar de navegar un océano ancho y profundo. No se puede adivinar cuán inclementes serán las olas.

A menos que una persona nazca en una familia árabe, es bastante difícil entender las complicaciones de ser mujer y comprender las responsabilidades sociales conferidas a las mujeres de ascendencia árabe.

Después de decidir que me quedaría en Dubái en 1997, muchos residentes de Dubái, originarios de Al-Sweida, intentaron ponerse en contacto conmigo, como era costumbre cuando un miembro de la misma comunidad llegaba a un país extranjero.

Tan pronto como mi primo Domingo, hijo de mi tío Salman, que para entonces estaba casado y trabajaba como profesor en el Emirato de Al-Ain, supo de mi llegada, me llamó y me invitó a su casa.

Para llegar a Al-Ain, tuve que manejar por casi una hora en mi nuevo Chevrolet Cavalier rojo, que compré después de mi empleo en la Zona Franca de Jebel-Alí. Al entrar a Al-Ain, llamé para que me dieran direcciones, ya que entonces los sistemas de navegación para vehículos no existían.

Su esposa y él fueron muy acogedores. Ella preparó el almuerzo. Tenían dos hijos, una niña y un niño. La niña tenía alrededor de doce años y el niño alrededor de cinco. Entonces recordé cuando todavía estaba en Siria y su esposa estaba embarazada de la niña. Recordé haber tenido en brazos a la niña cuando era un bebé porque la visité varias veces. Disfruté y aprecié la reconexión con mi primo y su esposa y prometí regresar tan pronto como tuviera la oportunidad.

De regreso a Dubái, recordé cómo, cuando nos mudamos a Siria en 1972, y luego de mudarnos a nuestra nueva casa al año siguiente, que quedaba a cincuenta metros de la de Domingo, él puso a prueba algunas tácticas deplorables para someterme a sus trucos, con el único objetivo de ganarme para que fuera su chica.

Probablemente solo trataba de cumplir la promesa que el tío Salman hizo cuando éramos niños. Él debía tener quince años en aquel momento.

Ese día yo estuve en su casa hasta que cayó la noche. Cuando llegó el momento de irme, insistió en acompañarme, aunque pensé que no era necesario.

Tan pronto como comenzamos nuestra corta caminata, dijo: "Te voy a dar una adivinanza, si no puedes resolverla, tienes que darme algo".

"¿Qué cosa?", le pregunté.

Dudó y luego dijo: "¡Un beso!"

No puedo recordar la adivinanza, sin embargo, no pude resolverla ya que mis conocimientos de la lengua árabe no eran muy buenos en ese entonces.

Cuando nos acercamos a la puerta trasera de mi casa y antes de que yo pudiera tocar para que me abrieran, me sostuvo del brazo y me forzó hacia él tratando de robarme un beso. Luché para alejarlo de mí, y le negué el beso.

Asustada por esa experiencia inesperada, toqué la puerta mientras temblaba. Él se alejó en la oscuridad murmurando: "Me debes un beso".

Cuando me abrieron la puerta, mamá preguntó si me había pasado algo porque estaba pálida y extraña. Le dije que todo estaba bien.

Esa noche, en pánico, me quedé pensando que era la primera vez que alguien me había forzado para robarme un beso. Como yo nunca había probado el sabor de un beso, estaba muy agitada y aterrorizada. Mamá siempre nos aconsejó no dejarnos tocar por ningún hombre.

A la mañana siguiente, el martes 14 de mayo de 1974, fecha inolvidable en el calendario de mi vida, al entrar a la sala de baño estaba sangrando. Me espanté y pensé que era una consecuencia de la violenta manera en que Domingo quería besarme. Consideré que eso era lo que llamaban ser violada por un hombre. Lloré sola en el baño. ¿Cómo hacer para anunciar que Domingo "me había violado" la noche anterior?

La sangre no paraba, así que tuve el coraje de salir y hablar con mamá. No podía creer lo contenta que estaba. Me dijo que era la regla, que eso les pasaba a todas las mujeres y que quería decir que me había convertido en mujer.

Después de esa noche dejé de ir sola a la casa de mi tío para evitar cualquier encuentro con él.

Me sentía muy incómoda y asustada de que me besaran. Siempre pensé que me desmayaría si un chico me besara o me tocara de manera romántica.

La siguiente vez que manejé hasta Al-Ain para hacerles una visita, disfruté de la reunión y de la comida que su esposa había preparado. Fue un agradable encuentro familiar y pensé que debería visitarlos más a menudo.

Cuando llegó el momento de irme, él me acompañó hasta el carro. Pensé que era por bondad y lo aprecié.

Cuando abrí la puerta del Cavalier, me detuvo y dijo: "¡Montaha, te deseo!"

"¿Qué quieres decir con que me deseas?", le pregunté.

"Quiero pasar tiempo contigo", dijo. "Y, de hecho, ¡todavía me debes aquel beso!"

Habían pasado más de veinte veranos desde el truco de la adivinanza. Me sorprendió que no lo hubiera olvidado, pues estaba casado y tenía hijos.

Estaba preocupada. "Eres mi primo", le dije, "y estás casado. Esto es inapropiado".

Dibujó una sonrisa tímida en su rostro y dijo: "Obtendré ese beso, pase lo que pase".

Angustiada, me apresuré a entrar en el carro, cerré la puerta, lo saludé con la mano y me fui sin mirar por el retrovisor.

Mientras me alejaba, traté de darle sentido a la situación, pero no pude encontrar ninguna excusa para su comportamiento. Estaba herida. Me sentí traicionada. Pensé que, como mi primo, su papel era protegerme, no hacer insinuaciones sexuales. Recordé cómo tío Salman me había prometido a Domingo y cómo desde entonces no tuve sentimientos por él diferentes de que fuera un primo o un hermano. Quizás mi ausencia de Al-Kafr por un período prolongado, primero para la capacitación en Francia y luego para vivir en Al-Nabek y en Damasco, fue la razón por la cual no terminé casándome con él, pues crecí distanciándome de él como marido potencial. Además, tío Salman no volvió a mencionar la promesa después de nuestro traslado a Siria. Con todo el conocimiento que tenía de la sociedad siria y la mentalidad masculina, me juré a mí misma no casarme con un sirio, y menos con mi primo. Siempre imaginé que, si me casaba con un sirio, este me mataría a puñaladas mientras dormía. Esta imagen me había traumatizado.

Para evitar otra confrontación similar, prolongué mi siguiente visita con la esperanza de que se olvidara del asunto o se disculpara la próxima vez que me viera.

Sin embargo, la misma situación se repitió al final de mi visita siguiente.

"Esto es inapropiado", le dije. "Estás casado y tienes hijos. No deberías estar haciendo esto".

"No debes preocuparte por mi esposa", dijo.

Me fui angustiada de nuevo, pensando en lo vergonzoso que era no poder disfrutar de estar con mi primo y su familia sin que él soñara conmigo como su objeto de placer.

Me sentí impotente y comprendí que no podría cambiar su opinión acerca de mí. No podía tolerar pasar por este escenario cada vez que lo viera, así que decidí no volver más a su casa. Me distancié de ellos. Cuando llamaban, no contestaba el teléfono.

Tenía otros primos en Al-Ain. Eran mi familia directa en los Emiratos Árabes Unidos y quería construir una relación sana con ellos, pero él echó todo a perder con su mente turbia.

Mis otros primos continuaron invitándome a visitarlos, pero no volví a Al-Ain. Jamás supieron la razón y yo quería que siguiera siendo así. Habría sido demasiado penoso para su esposa, y ella podría haberlo dejado o no creerme si se lo hubiera dicho. La mejor opción que tuve entonces fue detener la locura desapareciendo de sus vidas.

Nunca los he vuelto a ver. Han pasado más de veinte años.

Montaha Hidefi

# Capítulo 22

A principios de 1971, cuando comenzaba el segundo semestre de mi sexto grado, mi flacuchento cuerpo empezó a crecer y mi amor por el dibujo y la pintura se fue acentuando. Desarrollé un interés por la jardinería y comencé a cultivar un jardín privado en una parte árida del inmenso patio de nuestra casa en San Fernando.

Mi aislamiento se hacía más grave. Solo me quedaba una amiga en la escuela, Cristina. Ella era descendiente de una familia española y era la chica más alta de la clase y probablemente la mayor. Tenía la piel clara con mejillas suaves y rosadas, ojos azulados y mechones dorados. Era considerada la chica más bonita de la escuela, que hacía parte del Grupo Escolar MacGregor. El cinturón de nailon negro, que siempre llevaba aflojado hasta la cintura sobre el uniforme le daba un ligero encanto. Siempre pensé que parecía un ángel y el contraste de mi piel con la de ella me hacía sentir avergonzada e inferior. Cristina y el señor Elías, nuestro maestro, tenían algo en privado entre ellos. Siempre se veían intercambiando secretos durante el recreo.

Durante la segunda semana del semestre, las enfermeras estaban recorriendo las escuelas y casas para vacunar a los estudiantes y niños debido a una epidemia. No sé para qué virus era la vacuna pues no existen esos datos. Aquel día, después del almuerzo, dos enfermeras llegaron a mi aula, que quedaba al final del pasillo, estaba abierto al aire libre en el segundo piso y no tenía puerta, solo una entrada. En la parte de atrás no había muro. En cambio, el aula daba hacia el patio y hacia sus grandes almendros y acacias, que proporcionaban sombra y permitían que la brisa refrescara continuamente el aire. Una reja de acero pintada de negro e instalada en el borde evitaba que los estudiantes cayeran al patio. Las otras paredes estaban pintadas con un tono verde claro y el matiz suave de las cuatro filas de pupitres individuales de madera complementaba la paleta de colores orgánicos. El aula estaba naturalmente iluminada por la eterna luz del día ecuatorial.

Las enfermeras arrastraron dos pupitres, los colocaron al frente del aula y comenzaron a llamarnos para vacunarnos. Cuando el maestro se retiró, un alboroto desenfrenado comenzó a surgir en el aula, como resultado de las charlas de los alumnos.

Llamaron mi nombre. Me paré y fui al frente, me senté en el pupitre que me indicaron y, como me pidieron, levanté la manga corta del brazo izquierdo de mi uniforme. La enfermera empapó un algodón con alcohol isopropílico de una botella de vidrio transparente y me frotó la parte superior del brazo. Sacó una jeringa de vidrio de una caja de cerámica que descansaba en la parte superior del otro pupitre y con un movimiento rápido introdujo la aguja bruscamente en mi brazo. "¡Ya está!", dijo. Yo lo recuerdo así, pero según una entrada en un diario de terapia, que encontré recientemente, la inyección fue en mi espalda. A veces los recuerdos recuperados no son precisos y la mente puede alterar la realidad de ciertos acontecimientos.

Me levanté para ir a mi pupitre. Un repentino silbido más sonoro que el ruido de cientos de cigarras volando en el aire estalló dentro del aula y todo se volvió negro. Cuando abrí los ojos, tenía las caras de una de las enfermeras y otros alumnos sobre mí. Asustada, miré a mi alrededor y vi una multitud de zapatos negros con calcetines blancos que me rodeaban pues estaba tirada en el suelo. Me dijeron que había perdido el conocimiento y me había caído.

La enfermera me dio una mano para ponerme de pie. Cuando me senté en el pupitre, el mundo a mi alrededor seguía girando. Me sentí mareada y con la cabeza muy pesada.

Cuando la subdirectora, Teresa, llegó al aula para ver cómo estaba, me sentía un poco mejor, pero me dijo que me enviarían a casa para relajarme. Teresa me pidió que tomara mis pertenencias y la siguiera. La seguí a tropiezos.

Atravesamos el pasillo, bajamos las anchas escaleras de madera y cruzamos la cancha central hacia su oficina, bajo el sol ardiente. Fue un paseo de diez minutos, durante el cual Teresa me preguntó: "¿Tienes tu regla?"

Yo solo tenía once años y aunque no sabía el significado de esa pregunta, igual respondí: "No".

Cuando llegamos a su oficina, me pidió que tomara asiento en una silla negra. Era la primera vez que entraba a su oficina. Había un escritorio con un teléfono negro y montones de archivos. Teresa preguntó si podía llamar a mi papá para que viniera a buscarme. Le dije que no teníamos teléfono en casa. Salió de la oficina por un rato y cuando regresó me dijo que había arreglado para que uno de los maestros me llevara a casa.

Seguí al joven maestro en silencio. No lo conocía. Posiblemente tenía poco más de treinta años. Atravesamos la cerca de alambre en dirección hacia donde estaban estacionados algunos carros, no muy lejos del portón. El maestro se detuvo junto a un Jeep convertible blanco. Los tubos negros de su cabina sin techo brillaban bajo el reflejo del sol. Me pidió que subiera.

Abrí la puerta y tuve que impulsarme para alcanzar el escalón. Me preguntó la dirección y comenzó a manejar. Era la primera vez que iba en un Jeep. A pesar de los zumbidos que seguían sonando dentro de mi cabeza, me sentía muy viva con el viento golpeando mi pálido rostro. Estaba feliz pero temerosa de la historia que tendría que contarles a mis padres cuando llegara a casa.

El maestro detuvo el Jeep al frente de la tienda. Bajamos y entramos. Todavía seguía tambaleándome. Él le explicó a mi papá lo que pasó, le pidió que me llevara a ver a un médico y le indicó que volviera a la escuela cuando me sintiera mejor. Luego se fue.

Para evitar que mamá entrara en modo de erupción, entré a la sala de estar, casi flotando en el aire. Mi padre me siguió y le explicó la situación a mamá, que estaba en la cocina. Mamá salió a la sala de estar y comenzó a recitar sus quejas habituales mientras se lamentaba: "*Shu baddi a'amal fikun?*",

"¿Qué voy a hacer con ustedes?", e imploraba su típica maldición *"Inagsek ala umrik!"* "¡Que seas despojada de tu vida!"

Yo me sentía tan débil que tomé refugio cerca de Danela, quien me defendía cuando era posible.

En los días que siguieron mi papá me llevó a ver al médico de la familia, el doctor Farías. Después de examinarme pidió que me hicieran un análisis de sangre. Días más tarde, los resultados del análisis mostraron que el desmayo era algo que podía ocurrir después de una vacuna pero que sufría de deficiencia de hierro y un caso extremo de anemia. El doctor Farías recomendó una dieta rica en hierro, con carne de res, hígado y huevos, para recuperar mis fuerzas.

Como nunca había sido la prioridad de mamá, ella no me brindaba la atención que necesitaba. Además, yo era tan terca que no quería comer el hígado de pollo que ella me preparaba, ya que me asqueaba el olor a plasma. Eventualmente me comía un huevo frito cada dos días. El precio de la carne de res era demasiado alto, por lo que no la consumíamos con mucha frecuencia y dependíamos principalmente del pollo como principal fuente de proteína.

Mi recuperación fue tremendamente lenta. Al mes del incidente todavía me mareaba cada vez que me levantaba y tenía que permanecer mayormente sentada en el sofá de la sala familiar, al lado de Danela. Cada vez que sentía que me iba a desmayar, Danela prendía el ventilador industrial gris que era cuadrado. Mi papá lo había traído el año anterior después de uno de sus viajes a los Llanos, adonde iba para vender los cauchos.

Finalmente me sentí mejor y decidí volver a la escuela. Cuando entré al aula y me senté en el pupitre, me desmayé y caí al suelo. Esta vez, sin embargo, me hicieron esperar en la oficina de Teresa hasta que me sentí mejor y me fui caminando.

Aunque mi familia había impuesto reglas que me prohibían recibir compañeras de la escuela en casa o visitarlas en sus casas, antes de salir de la escuela me había puesto de acuerdo con Cristina para que me ayudara a ponerme al día con las clases que había perdido. Cristina dijo que podía ir a su casa a recoger sus notas después de clases, una vez a la semana, los miércoles. Dada la situación, mis padres no pudieron estar en desacuerdo.

No conocía la dirección de la casa de Cristina, así que acordamos que Rangel, otra chica de nuestra clase, me acompañaría la primera vez que fuera, el siguiente miércoles. Rangel y yo nos encontramos en la calle y de ahí fuimos adonde Cristina.

Cuando llegamos, Cristina estaba acostada en una hamaca en el porche lateral, junto al señor Elías. Yo estaba confundida porque el maestro era al menos veinte años mayor que nosotras. Pensé que podría ser su pariente lejano, pero que no lo sabíamos en la escuela.

Cristina se paró de la hamaca mientras el maestro permaneció allí. Nos recibió con una sonrisa y me preguntó sobre mi salud y sobre cuándo planeaba regresar a la escuela. Ni él ni ella parecían molestos o avergonzados de que los hubiéramos visto juntos.

Cogí el cuaderno de Cristina y me fui sin hacer comentarios, aunque seguí pensando en la incómoda escena de la hamaca.

A la semana, cuando volví adonde Cristina para devolverle sus notas y pedirle otras nuevas, volví a ver al maestro en la hamaca tendido a su lado. Intercambiamos saludos. Cogí las notas y me fui.

Hacia el final del semestre, cuando me sentí mejor y volví a la escuela, le pregunté a Cristina sobre su relación con el maestro. Ella sonrió y dijo: "Lo amo".

Yo era demasiado joven para entender la delicadeza de aquella situación, sobre todo porque era normal que las niñas de San Fernando tuvieran novios y quedaran embarazadas mientras todavía iban a la escuela. Esto no era normal para nosotros. Mis padres me habrían matado si hubiera tenido una relación con un muchacho en aquellos tiempos. Las niñas de ascendencia siria estaban destinadas a casarse con sirios y a no entablar relaciones antes del matrimonio y menos aún con venezolanos.

# Capítulo 23

Mientras crecía, mis tíos Nasar y Salem, medio hermanos de mamá, mi tío Salman, así como otros amigos árabes de la familia, como Abdo, Atala y Yadan, me seguían llamando "Negra". El tío Adnan me llamaba "Nazija" lo que me molestaba mucho pues hacía alusión a ser novia de mi primo Domingo, porque su primer nombre era Nazij. El tío Adnan era un joven guapo de quien yo estaba locamente enamorada cuando era niña. Ese tipo de amor de un niño a un adulto se llama teleiofilia y no es raro. El tío Nawaf también me llamaba "china comunista". No se dio ninguna aclaración para explicar este apodo, pero yo lo atribuía a mis rasgos de asiática, con párpados dobles y piel oliva oscura. Los sobrenombres siempre me hicieron sentir diferente, no necesariamente de manera positiva, sino de manera extraña.

Los comentarios étnicos, así como mi aparente contraste con mis hermanas y hermanos por el color de mi piel, la forma de mis ojos castaños oscuros, mis labios grandes y mi cabello lizo negro, me hacían sentir y creer que era fea y que, de alguna manera, no pertenecía a la familia.

La realidad que establecí para mí misma cimentó el reconocimiento de que mamá me odiaba por todas esas razones.

Crecer con tal creencia era peligroso para una chica como yo. Me llevó a tener sentimientos de inferioridad frente a mis hermanas y frente a mis compañeras de clase. En la escuela, una maestra que vivía en el vecindario me llamaba "venado", porque "corre como un venado en el recreo", le dijo a mamá. Desde entonces, mamá empezó a regañarme y me decía que fuera más tranquila en la escuela.

Aunque yo era venezolana de nacimiento y mi idioma nativo era el castellano, mis compatriotas venezolanos me etiquetaban de turca y musiúa, solo porque era hija de inmigrantes, la rama venezolana de un árbol árabe.

En Venezuela esos insultos raciales se usaban comúnmente para identificar a los inmigrantes, independientemente de su país de origen. Musiú, que es una deformación de la palabra francesa "*Monsieur*", se usaba para los hombres y musiúa para las mujeres. Turco y turca se usaban como si todos los inmigrantes árabes fueran provenientes de Turquía.

Para entonces yo ya estaba completamente confundida con respecto a mi identidad. La imagen que tenía de mí misma era extremadamente negativa porque sugería que yo era una "venada turca negra con rasgos chinos". Para una chiquilla menor de diez años, esa era una receta sin igual para convertirse en objeto de extorsión abusiva.

En quinto grado, mi compañera Rangel, a quien la llamábamos por su apellido, era delgada, más baja que yo y tenía la cara alargada con acentuados ojos negros y tez oscura. Su cabello negro, largo y liso, lo llevaba recogido en cola de caballo. Los pupitres en el aula iban uno al lado del otro y a menudo nos hablábamos entre nosotras. A medida que avanzaba el año escolar comenzamos a trabajar juntas en una tarea de dibujo. Me sentía cómoda con Rangel, quizás porque teníamos rasgos en común, y la consideraba mi amiga.

Un día, cuando estábamos en el quinto grado, Rangel me dijo que le pagara los veinticinco bolívares que le debía por el material que usamos para la tarea de dibujo. No entendía exactamente cómo le debía tanto dinero. Sabía que le debía probablemente dos o tres bolívares, pero no veinticinco. Traté de discutirlo, pero ella estaba convencida y su opinión no cambiaría.

"Si no me pagas la plata", dijo amenazándome, "mi mamá va a ir a ver a la tuya y van a tener un gran peo". Luego se inclinó más cerca y susurró: "No quieres que eso suceda, ¿verdad?"

Aunque las cuentas de Rangel no me convencían, estaba dividida entre el miedo a mamá y la amenaza de Rangel. Si discutía el tema con mamá, estaría expuesta a un castigo y, eventualmente, me prohibiría ir a la escuela. Decidí callarme.

Al día siguiente, Rangel insistió en que le pagara la plata. Como nunca tuve plata de bolsillo, le dije que no podía pagarle la suma. Ella mostró piedad e hicimos un acuerdo donde yo le pagaba un bolívar todos los días hasta pagar la deuda en su totalidad.

Para evitar que la mamá de Rangel visitara a la mía, empecé a robar un bolívar cada vez que podía de la caja de zapatos de cartón que mi papá guardaba en la tienda. La caja estaba en un estante fuera de mi alcance. Yo vigilaba a papá hasta que iba al baño, luego arrastraba una silla del área de costura, me subía a ella, buscaba dentro de la caja, cogía un bolívar y lo escondía en mi cuaderno. Al día siguiente se lo daba a Rangel. Esta situación continuó hasta que terminó el año escolar. Aunque no estaba al tanto de cuánta plata le había entregado a Rangel, sabía que ya le había dado mucho más de veinticinco bolívares.

Cuando comenzamos el sexto grado, Rangel volvió a pedir el restante de la plata. Traté de convencerla de que ya le había reembolsado todo, pero su tono era amenazante e insistió en que tenía que seguir pagando. Estaba segura de que Rangel me estaba extorsionando, pero robar dinero de la caja de mi papá era mucho más fácil que tener que soportar las terribles reacciones y los castigos de mamá en caso de que la mamá de Rangel viniera a verla.

Algunos meses pasaron. De camino a la escuela, había un grupo de adolescentes sentados en la acera alta de una bodega que quedaba al otro lado de la calle, enfrente a la escuela. Ellos miraban pasar a los alumnos. Uno de ellos, apodado Pelo e'Chucha porque era afro, estaba sentado allí con su bicicleta contra la acera.

Al pasar, mis ojos fijos en el suelo por timidez, lo escuché decir: "Esta carajita, cuando sea grande, ¡va a ser bonita!"

Yo conocía a Pelo e'Chucha porque vivía en el barrio. A menudo pasaba en bicicleta para hacer los mandados de su madre. Era alto y delgado, tenía posiblemente alrededor de quince años y tenía tez oscura. No éramos amigos y no solíamos hablar entre nosotros pues nos tenían prohibido hablar con los muchachos del barrio. Como era extremadamente tímida y me consideraba fea, por las insinuaciones de la familia y todas las etiquetas que me daban, al escuchar el comentario de Pelo e'Chucha me sentí animada. Mis ojos brillaron y una sonrisa adornó mi rostro.

Esta frase siguió resonando en mi mente mucho tiempo después cada vez que escuchaba alusiones sobre mi apariencia. De alguna manera, empecé a creer que algún día sería bonita y que la gente dejaría de insultarme. Es como si Pelo e'Chucha fuera un brujo con poder de ver en su bola de cristal y adivinara mi futuro.

Cuando llegué al aula, Rangel me preguntó si le había traído la plata. En un inesperado cambio de eventualidades, me armé de valor y le dije: "Ya no te pago más. Si tu mamá quiere venir a hablar con la mía, lo puede hacer cuando quiera".

"¡Se lo diré a mi mamá!" dijo echando humo de las narices. "¡Te vas a arrepentir de esto!"

Por primera vez, la amenaza de Rangel no me afectó. Me sentía invencible. En ese momento no me di cuenta de que mi confianza recién adquirida era el resultado del comentario positivo que escuché en la calle esa mañana. El poder de las palabras positivas y su efecto sobre nosotros es inconmensurable.

Rangel dejó de pedirme plata y obviamente su mamá nunca nos visitó. Sin embargo, la extorsión a la cual me sometió quedó grabada en mi mente hasta el presente y cuando pienso en ella me revuelve el estómago.

Dos o tres años después, cuando estaba llegando a la mayoría de edad, finalmente se me permitió usar pantalones. En ese entonces se consideraba de mala educación que las niñas de origen árabe usaran pantalones porque perfilaban la figura femenina, la forma de su cintura, muslos y genitales. Una chica decente debía llevar vestidos solamente. Lo absurdo es que cuando nos trasladamos a Siria era considerado indecente que una niña usara vestidos y mostrara sus piernas. Las chicas tenían que llevar pantalones, aunque fuera debajo de los vestidos o faldas. Siempre hubo contradicciones sin explicaciones en nuestro hogar.

Entonces, por alguna razón inexplicable, me dieron permiso para comprar unos pantalones. Eran de color verde militar, hechos de pana, un tejido grueso y liso, de tacto áspero, semejante al terciopelo, que estaba de moda a principios de la década de 1970.

Estaba tan feliz que me puse los pantalones y fui a dar un paseo por la acera alrededor de la tienda. Casualmente, Pelo e'Chucha andaba por ahí en bicicleta. Para entonces, cuando estaba en el vecindario nos saludaba, sin saber ni recordar los comentarios que una vez hizo sobre mí.

Yo no sabía montar en bicicleta. La única bicicleta que había tocado en mi vida era el triciclo que Jacinto tenía cuando era niño.

Contrariando las reglas, detuve a Pelo e'Chucha y le pregunté tímidamente si me podía enseñar a montar en bicicleta. Danela y Yusra, que estaban mirándome, tenían miedo de que papá apareciera en cualquier momento y nos gritara, pero me arriesgué.

Pelo e'Chucha me mostró cómo sentarme en la bicicleta mientras la sostenía. Salté sobre el asiento y me dijo que pusiera los pies en los pedales y me enseñó a frenar. Luego me empujó hacia adelante.

La bicicleta empezó a deslizarse por la calle vacía. Estaba muy feliz, pero asustada. Pude controlar espontáneamente la bicicleta que se tambaleaba y evité caerme. Paseé hasta el final de la cuadra. Me encantó cómo la brisa, generada por el movimiento, acariciaba mi rostro y me hacía volar el pelo, que en ese momento no era muy largo. Asustada de intentar dar vuelta, me detuve al final de la calle, puse los pies en el suelo y le di vuelta a la bicicleta manualmente. Luego subí de nuevo y volví a pedalear. Al regresar, Pelo e'Chucha, Danela y Yusra estaban aplaudiendo. Me alegré mucho y siempre agradecí a Pelo e'Chucha por darme esa oportunidad. Nunca conocí su verdadero nombre.

Esos dos eventos importantes que sucedieron el mismo día en mi infancia, usar pantalones y montar en bicicleta, me llenaron de una alegría que no creo haber experimentado antes. Ese día extremadamente feliz, en una vida frecuentemente infeliz, ha continuado haciéndome sonreír cada vez que lo recuerdo.

Sin embargo, más tarde al llegar a Siria, la creencia de que yo no pertenecía a la familia se convirtió en certidumbre.

Cuando mamá me llevaba con ella para visitar a familiares y a otras personas en la aldea, siempre le preguntaban que de dónde me habían traído, pues no me parecía a nadie en la familia. Aunque ese tipo de sarcasmo me irritaba, me quedaba callada mirando al suelo. Un día me indigné tanto que inventé una historia según la cual, de viaje a Venezuela, mamá había conocido a un hombre asiático de piel oscura en el barco, con el cual tuvo una relación clandestina, y que yo era el fruto de esa relación. La historia dejó a todos los presentes carcajeándose, pero mamá se sintió ofendida y de regreso a casa me reprochó mi comportamiento.

Después de haber contado esa historia decenas de veces, empecé a creer que mi papá no era mi papá biológico. Era un cuento que explicaba de manera razonable mi manera de ser diferente, pero al mismo tiempo me dejó con ganas de conocer la verdad.

Un día tuve el valor de pedirle a mamá que me contara la verdad, "¿Quién es mi papá?" Le pregunté.

Enfurecida respondió: "Tu papá es tu papá. ¿De qué estás hablando? ¿Acaso eres loca? ¿Cómo se te ocurre faltarme al respeto de esa manera?"

Para evitar que la situación se volviera más grave, tuve que callarme.

Aunque yo quería mucho a mi papá, mi creencia de que él no era mi verdadero papá se afianzó aún más cuando un día en un hospital en Montreal me estaban tratando una migraña que no cesaba y la doctora me preguntó si yo era asiática. Quedé estremecida. Por curiosidad le pedí que me explicara el por qué de su pregunta y me dijo que las cavidades de mis ojos indicaban que yo era de origen asiático.

Vivir con la convicción de que mi verdadero padre era un desconocido oriental me trastornaba. En el 2019, me hice una prueba de ADN para comprobar mi ascendencia, y esta evidenció que yo era de origen medio oriental de la región de

Siria y Líbano. Desde entonces tuve que aceptar el hecho de que esa historia la había inventado yo para justificar mi apariencia hasta hoy inexplicable.

Montaha Hidefi

# Capítulo 24

A principios del 2021, durante un encuentro virtual por video con mis hermanas y mamá, ella lloró mucho, "por extrañarte", dijo. Con modestia admitió lo mucho que me quería y cuánto admiraba mis logros en la vida. Confesó que me echaba tanto de menos que le pedía a Dios poder verme en persona antes de morir.

Al oír esa inesperada confesión, la cual no hubiera imaginado ni en sueños, tuve el valor de romper el silencio y le pregunté por qué tuvo que esperar sesenta inviernos para darme elogios y por qué me maltrató tanto durante mi infancia y juventud. Ella quedó asombrada. Mientras seguía llorando, negó haberme hecho ningún daño jamás. Le recordé cómo casi me asfixió pisoteándome y cómo casi me habría matado de un cuchillazo. Le recordé cuántas veces me pegó, cuántas veces no me creyó y cuántas veces me humilló.

Lamentablemente, o quizás por fortuna, ella no se acordaba de nada. Habían pasado ya muchos años desde aquellos acontecimientos de mi infancia y juventud y ella ya era vieja y estaba cansada de la vida. Y para sorprenderme aún más, dijo con mucha humildad: "Hija, yo no me acuerdo de nada, pero si lo que dices es verdad y te hice daño, te pido perdón. Perdóname, hija". Juró por el Dios de los drusos que me quería y me apreciaba quizás más que a todos los demás.

Recordé la carta que le había escrito muchos años atrás perdonándola pero que nunca le envié. Al pedirme perdón, ella me regaló su empatía y poder. Pero esta nueva realidad me dejó aturdida. Estallé en llanto. Lloré de dolor, pero también de alivio. Lloramos todas: mamá, mis hermanas y yo. Las lágrimas se deslizaron en nuestras mejillas como un medicamento que nos sanaba todo el dolor del pasado.

¿Por qué esperé tanto tiempo para hacerle esa pregunta? Si se la hubiera hecho antes, quizás no hubiera pasado por tanta angustia en la vida.

Después de varios meses, a finales de abril, recibí noticias de que el virus del COVID-19 le estaba pegando fuertemente a mamá. Mi hermano Sulaiman, ahora médico, le suministró todo lo necesario para mantenerla en vida. Sufrió por dos semanas en casa durante las cuales se le tuvo que proporcionar un respirador y sus labios se volvieron morados por falta de oxígeno. Tuvo tanto dolor en el cuerpo, que lo único que deseaba era morir. A los doce días preguntó que cuándo alcanzaría los catorce días porque sabía que la pandemia tenía ese término de vida o muerte. Todos estábamos pendientes y esperábamos que esta enfermedad no fuera la razón de sus últimas albas.

Yo no pude dormir bien durante ese periodo. Me levantaba constantemente durante la noche para revisar mi celular en espera de alguna noticia que llegara de parte de alguna de mis hermanas.

En la noche del 5 de mayo, mientras veía una película en Netflix, tuve una visión que duró algunos segundos. En ella, mamá jovencita se levantó, llevaba la misma ropa que solía usar en los últimos años en que yo la vi, pasó al frente mío sin mirarme, aunque pude ver su cara, y se fue caminando hacia la oscuridad sin decir ninguna palabra. Al regresar a la realidad presentí que ese era un gesto de despedida.

A la una de la madrugada del 6 de mayo, un par de horas después de la visión que tuve, desperté asustada, prendí el celular, y ahí estaba el mensaje que esperaba desde hacía días: "¡Qué mañana tan triste! Mi mamá falleció", decía el mensaje de mi hermana Rasmille.

Aunque no me sorprendí, quedé desconcertada. No supe cómo reaccionar. Inmediatamente llamé a Mima a Montreal y le di la noticia.

En la religión drusa el entierro suele ser pocas horas después de la muerte y, debido a la situación de COVID-19, este se estaba realizando aún más rápido. Con eso en mente nos comunicamos con Rasmille por video para poder ver a mamá por última vez. La estaban vistiendo y todos lloraban desconsoladamente. Mima comenzó a llorar y a temblar y a mí se me revolvió el estómago, me dio diarrea y tuve que ir al baño con el celular en la mano mirando al cuerpo difunto de la mujer que un día consideré como mi carcelera. La mujer que era mi madre. Estaba desorientada y no sentía emoción alguna. Me molestó infinitamente mi reacción física y el hecho de tener que estar sentada en el inodoro contemplando al cadáver de la fallecida. Era una falta de respeto total, pero no se podía controlar.

Salí del baño. Michael se despertó con toda la conmoción y se unió a mí para seguir las preparaciones mortuorias por video. Era como si estuviera mirando una película. No sabía si estaba triste o lastimada. Me sentía culpable y con mucha ira porque alguien le transmitió el COVID-19 a mamá, aunque ella no había salido de la casa por mucho tiempo, pues se movía alrededor de la casa en silla de ruedas debido a su estado de salud.

No podía comprender mis sentimientos. La desorientación y confusión duraron por varias semanas. Solía pasar muchas horas sola pensando sobre el pasado y de repente me desahogaba llorando o hablaba con mis hermanas y así nos consolábamos.

De un momento a otro quedamos huérfanos. Mi papá, el hombre que era mi defensor y a quien tanto quería y añoraba, falleció en agosto de 2018, posteriormente a un estado de coma de dos días después del cual nunca recuperó el conocimiento, debido a una caída bajando los escalones de la entrada de la casa.

El proceso de luto por la muerte de mamá detuvo completamente el proceso de publicación de este libro. La traducción de la obra original en inglés que había empezado en febrero fue demasiado difícil pues era como si estuviera reviviendo las historias de nuevo. No obstante, mi voluntad de querer compartir mi historia con la comunidad de habla hispana fue más fuerte que la angustia inesperada de haber perdido a una madre con la cual llevaba una relación a distancia. Aunque tomé mi tiempo, logré reanimarme. Como siempre, aprendí que después de cada caída es posible levantarse y seguir la marcha, pues la vida continúa.

Montaha Hidefi

# Epílogo

Una vez, una persona me explicó que había dos tipos de lesiones, los traumas físicos causados por impactos que dejan cicatrices visibles en el cuerpo, y los traumas sicológicos resultantes de eventos angustiantes que exceden nuestra capacidad para sobrellevarlos. Estos últimos, acompañados la mayoría del tiempo por altas dosis de devastación emocional, producen heridas invisibles que sangran en nuestra psiquis. Como la gente no es consciente de nuestras lesiones sicológicas, a menos que hablemos abiertamente sobre ellas, el trauma se desarrolla, se vuelve debilitante y eventualmente nos derrota, mientras que para los demás podemos parecer saludables y felices.

Al recapacitar sobre esta opinión, reconocí el impacto emocional que tuvo en mi vida el abuso mental y físico que había sufrido a manos de tantos, la forma en que modificó mi conducta y cómo destrozó mi persona a medida que me hacía adulta.

Durante la mayor parte de mi vida, sufrí una crisis de identidad y sentí que no encajaba en ningún orden social. A lo largo de mi infancia, aunque era venezolana, debido a mi origen familiar fui sometida a prejuicios y discriminación racial en mi propio país. En Siria, la tierra de mis ancestros, me llamaban *ajnabya*, lo que quiere decir extranjera, porque no era mi país de nacimiento. En mis primeros años en Canadá, y hasta que me convertí en ciudadana, era una inmigrante. Más tarde, en Dubái, me consideraban expatriada, mientras que en los Países Bajos me transformé en migrante de alta calificación. De alguna manera he sido considerada extranjera toda mi vida, como si fuera un pájaro verde descendiente de otro planeta.

Aunque las sociedades y los gobiernos rara vez prestan atención al poder destructivo que estos estados sociales distintivos suelen tener sobre un ser humano, es fundamental resaltar las formas profundas en las que nos afectan.

Como siempre viví siendo considerada como "no de aquí", me era imposible tener sentido de pertenencia hacia una nación específica o estar cómoda dentro de una cultura específica. No fue sino hasta hace poco que me identifiqué como "ciudadana del mundo". Después de varias décadas de haberme sido negado el sentido de pertenencia geográfica, "ciudadana del mundo" me dio una conciencia armoniosa de hacer parte de algo. Llegué a la conclusión de que, en lugar de ser aceptada por una sola nación, el mundo, por ordinario que fuera, se convirtió en mi patria.

Mientras seguí viajando, el concepto de "hogar" se modificó para convertirse en "mi hogar es donde está mi almohada". El mundo por fin se había reconciliado conmigo y comprendí la inmensidad de la noción de pertenencia. Ya no importaba qué pasaporte tuviera ni cómo me percibieran los demás, siempre y cuando donde aterrizara hubiera una almohada sobre la cual recostar mi cabeza por la noche que me permitiera dormir sintiéndome satisfecha y realizada.

Por mucho tiempo viví angustiada bajo la sobrecarga de la indignidad creada por el sonido resonante de la crueldad en mi cabeza, los misterios que enterré dentro de urnas impenetrables en los lugares más profundos y tenebrosos de mi ser interior, las decepciones por innumerables lesiones sociales, y los engaños por promesas falsas y relaciones con personas de doble cara que buscaban satisfacer su propio orgullo a través del manantial de mi ingenuidad y confianza.

Hubo momentos en los que los despojos de mi personalidad se hicieron trozos en las aceras de la vida. Era débil, desconfiada e insegura. Me sentía indigna y, en defensa propia, me volví hostil. En consecuencia, para protegerme de las garras de los cuervos de la sociedad y también para proteger a las palomas de mi actitud intimidante, erigí a mi alrededor una cúpula de cristal tan alta como el cielo y me resguardé en su interior. Me retiré y preferí estar aislada. En ocasiones me sentía autodestructiva y pensaba en ponerle fin a mi vida, pero mi disposición a demostrar que mamá y el mundo estaban equivocados me mantuvo en funcionamiento.

Mientras combatía la baja autoestima en secreto, logré proyectar una imagen de fortaleza y confianza. Mi determinación para salir adelante, así como la creación de mi caja de herramientas imaginaria, quizás contribuyeron a mantener mi salud mental y cumplir objetivos a largo plazo que parecían imposibles para muchos, especialmente para mamá. Cuando ella compartía conmigo los rumores que me tildaban de puta, constantemente le decía, y creía, que algún día silenciaría esos chismes y que la "gente buena" me admiraría. Mientras miraba hacia adelante, hacia un futuro lejano, donde me veía exitosa, mantenía activa mi lucha por el respeto. El respeto que merecía por ser hija, hermana, prima, amiga, mujer y humana.

Vale la pena mencionar que años después, cuando trabajaba en la embajada en Damasco, un día sonó el teléfono y la recepcionista anunció que alguien me solicitaba en la recepción. El joven era de Al-Kafr. Aunque no pude reconocer su nombre, y se había presentado sin cita, decidí recibirlo. Separados por mi escritorio, intercambiamos los típicos y extensos saludos árabes. Luego me felicitó y dijo lo mucho que le enorgullecía verme ocupar ese cargo. Recalcó que el propósito de su visita era disculparse, porque en el pasado había hablado mal de mí y me había considerado una puta. Pero yo le había demostrado lo opuesto y él lamentaba su comportamiento del pasado, aunque yo no lo sabía. Ese fue el momento que predije cuando le decía a mamá que la "gente buena" algún día me admiraría. La confesión no exigida y bien intencionada de aquel joven valía para mí un millón de dólares. Me sentí reconocida y realizada.

Además, creo que mi decisión de buscar ayuda sicológica en Montreal, antes y después de trasladarme al albergue para mujeres maltratadas, fue un momento decisivo. A través de la consejería profesional encontré un oído experto, atento, disponible y con imparcialidad para escuchar mi angustiada y silenciada voz interna y guiarme para comprender, nuevamente, que al final del camino había un túnel y que había una luz brillante, incluso en su punto interior más oscuro.

Por tres semanas, antes de dejar a Charles, me entregué a una musicoterapia no convencional. Una vez por semana, en una clínica llamada Psycho Physio que ya no existe, me tendía por cuarenta y cinco minutos en una especie de hamaca colgada en una cúpula geodésica en el centro de una pieza no iluminada, mientras escuchaba varios géneros musicales preseleccionados por mi terapeuta. Cuando me iba a casa tenía que escuchar la música de nuevo y tenía como tarea mantener un diario para registrar todos los pensamientos que la música evocaba durante la sesión y también los sueños que tenía después.

Al leer ese diario que pensé que había perdido por haber vivido en varios países, pero que recientemente apareció en una caja del pasado, me conmoví por lo desafiante que fue esa terapia. Durante las primeras semanas el tratamiento me causó mucho dolor físico. No solo sentía dolor de cabeza y como si el cerebro se me cortaba en dos partes verticales con una sierra, sino que también me causaba malestar de espalda y me daba ansiedad.

Al término de las tres semanas y por varios meses después, la terapeuta y yo discutimos el diario y ella analizó los detalles de su contenido. Al final, hice frente a una grotesca verdad que la terapeuta había revelado. Todo lo que me había pasado hasta entonces era la consecuencia de tener en mi vida a la persona que me trajo al mundo. El comportamiento abusivo de mamá había eclipsado mi carácter y me afectó hasta el punto de que terminé atrayendo a más personas abusivas a mi vida. ¡Ese fue un descubrimiento explosivo!

Para poder beneficiarme de la terapia, era fundamental reconciliarme con mamá. La terapeuta sugirió que la llamara por teléfono para discutir abiertamente con ella mis sentimientos y, lo más importante, para perdonarla por todo el daño que me había causado. No estaba para nada preparada para tal tarea y nunca pensé en el perdón como medicina. ¿Cómo iba a compartir mis sentimientos con la mujer a quien más temía en el mundo? ¿De qué manera le iba a explicar a mamá que tuve que ir a terapia y que ella era la razón de mis problemas? La alternativa, me sugirió la terapeuta, era escribirle una carta donde le confesaría mis emociones y le concedería compasión y perdón.

Escribirle una carta de perdón a mamá ha sido el proyecto más exigente que he tenido que completar. Tenía que mostrar clemencia mientras aceptaba la crueldad. Tenía que poner en práctica la empatía mientras reconocía la condena. Tenía que transmitir amor en agradecimiento por el odio.

Nunca le envié la carta a mamá, ella no habría podido leerla porque era analfabeta. Sin embargo, la acción de escribirla a mano fue una victoria simbólica sobre las heridas que sufrí a manos de mi guardiana. Me permitió reconocer la empatía, una cualidad que me era ajena.

Aprendí que el perdón es una virtud adquirida y uno de los mejores regalos que le puedo ofrecer a los demás. Perdonar me llenó de poder y me permitió controlar mi estado emocional. Aunque mi último encuentro en persona con mamá fue en 1993, me mantuve en contacto con ella por video y en la actualidad considero que lo que me hizo fue por ignorancia y falta de conciencia.

Para cumplir con una segunda consecuencia de la terapia, tuve que desarrollar un plan de acción con la supervisión de mi terapeuta. Al hacerlo, aprendí que lo más importante es tener metas específicas, mensurables, alcanzables y enmarcadas en un tiempo específico. Mirando al pasado, creo que haber escrito mis objetivos con una línea de tiempo concreta, una práctica que continué ejerciendo durante los años siguientes, respaldó mi crecimiento personal y cristalizó mi visión del futuro. El hecho de saber hacia dónde queremos dirigirnos en el futuro concretiza nuestras acciones y elimina cualquier sorpresa que pueda ser negativa.

Aunque la mayoría de las historias abusivas en mi vida y sus cicatrices permanecieron exclusivamente privadas hasta la redacción de este libro, soy optimista de que al presentarlas y compartirlas comenzarán a disiparse con el tiempo, aunque sé que no desaparecerán del todo. El proceso de resucitar cada detalle de cada incidente, para poder transmitirlo con integridad, fue demasiado doloroso. Fue como abrir una cápsula del tiempo y revivir los incidentes una vez más. Muchas de las historias me hicieron llorar mientras las escribía y cada vez que las revisaba. Hubo momentos en los que quise detener este proyecto de una vez, pero mi determinación superó el impulso de detenerme.

Creo que cuando estamos armados con determinación podemos revertir los efectos profundos de cualquier evento negativo, canalizando nuestra energía y transformándola en un motor rugiente para empoderar nuestro futuro. Descubrí que la mejor defensa para derrotar a un adversario era superar sus capacidades.

Cada vez que enfrentaba un episodio de mala conducta, salía emocionalmente aplastada, pero intensamente más resistente, equipada con más fuerza y disposición para enfrentar el siguiente. Al mirar hacia atrás en mi vida, estoy segura de que el abuso, aunque no era necesario, fue un catalizador que me permitió abrir todas las puertas posibles para lograr el éxito.

Mi tenacidad para mejorar la imagen mental que mamá y la sociedad habían creado respecto a mí misma me estimuló a buscar educación y conocimiento, para descubrir y exponer a la persona que percibía en mi interior. Con perseverancia y visualización me superé y logré metas más allá de las expectativas. Aprendí a hablar cinco idiomas. Obtuve tres maestrías de tres universidades de nivel mundial. Ocupé altos cargos en multinacionales en varios países. Me sumergí en la disciplina de la predicción y tendencias del color y di charlas públicas en eventos internacionales. Traduje del francés al árabe y publiqué un libro cuando tenía treinta años, soy autora de numerosos artículos publicados a nivel mundial y coautora de capítulos en dos libros. He ido a cincuenta y nueve países. Me entrené en Reiki. Progresé con los niveles 1, 2 y 3 del método de meditación y visualización mental *Silva Mind*. Y, para culminar, incluso caminé sobre el fuego. Todo esto para superar la derrota y demostrar que podía ser dueña de mi propia vida.

Además, el universo finalmente me ha bendecido con un esposo amoroso que me respeta y me ha apoyado desde que hemos estado juntos.

El proceso de escribir este libro me animó a penetrar en el reino de mi alma, a abrir puertas cerradas durante mucho tiempo, a desenterrar cicatrices que marcaban profundamente mi realidad a nivel subatómico y a buscar la verdad a tientas.

No pretendo minimizar los efectos y consecuencias de mi lucha contra la injusticia y el abuso a lo largo de los años. Sin embargo, me doy cuenta de que mi lucha ha sido como campanas en la cima de un campanario, sus altos toques proclamaron mi propósito de vencer a los malhechores, y me dieron la determinación de seguir mirando hacia adelante y el empuje para lograr la victoria sobre la decepción.

Aunque mis historias puedan parecer triviales para muchos, creo que ningún tipo de abuso debe considerarse insignificante o irrelevante. Solo quien recibe las acciones abusivas puede medir sus devastadoras consecuencias en su vida emocional.

Este libro es una celebración de un ser humano que tuvo que arrastrarse a través de la oscuridad para descubrir la luz. Este libro es una celebración de MI SER. Me otorgó un resplandor a través del cual me sentí liberada del peso que llevé en silencio durante años. Al exponer a muchos agresores por sus propios nombres, entiendo que podría tener consecuencias indeseables. No obstante, estoy dispuesta a enfrentarlos a todos. Me han inspirado muchísimas otras personas que se mantuvieron firmes contra las ráfagas de injusticia y abuso con historias aún más espantosas y gráficas que la mía. Estoy orgullosa de unirme a ellas en este viaje, con el objetivo de poner fin al silencio sobre todo tipo de explotación y gritar ¡ya es suficiente!

Montaha Hidefi

# Agradecimientos

El proceso de escribir y publicar un libro es como pasar por un embarazo y dar a luz. Más que el conocimiento del proceso editorial, se requiere el apoyo de innumerables personas.

Agradezco a todos los amigxs y familiares que me acompañaron y apoyaron durante el proceso de escribir la versión original en inglés y la traducción al español de este libro.

Un agradecimiento especial a la señora Lina Peralta, editora de contenido, quien me apoyó en la revisión de la traducción al español durante varios meses.

Agradezco igualmente a mis amigas, las señoras Adiela Martinez, Angelica Quintana Jiménez, Lucrecia Islas, Margaret Diaz, Nina Utreras, Rosemary Martínez, Ruth Chehade y Suhail Saturno por el apoyo que me brindaron para finalizar el título de esta versión en español.

Tengo el mayor agradecimiento con la señora Anne Louise O'Connell, mi coach y editora, quien me apoyó para escribir y publicar mis libros.

Gracias a mi amigo Karl Rijkse, cuyo apoyo casual a la idea de escribir un libro sobre las historias de abuso por las que pasé fue fundamental en la consideración de contar mis historias.

Le estoy inmensamente agradecida a mi esposo, Michael Richter. No hay palabras que puedan describir mi aprecio por él. Además de su apoyo incondicional, emocional y material durante la duración del proyecto del libro tanto en inglés como en español, tuvo que aguantar mis altibajos y soportar mi ausencia mientras yo me encerraba en mi habitación, sumergida en la escritura, a veces durante días enteros. Espero poder corresponder a este tremendo esfuerzo algún día.

Montaha Hidefi

## Sobre la autora
## Montaha Hidefi

Montaha Hidefi, autora de "Dando voz a mi silencio, Mi lucha por el respeto entre Venezuela y Siria", "Giving Voice to My Silence, My Struggle for Respect From Venezuela to Syria" y "Groping for Truth, My Uphill Struggle for Respect" es hija de inmigrantes sirios, y nació y creció en Venezuela. Cuando era adolescente su familia se trasladó a Siria y, de adulta, ha vivido en los Emiratos Árabes Unidos, los Países Bajos y Canadá.

Desde una edad temprana, Montaha encontró consuelo al explorar los colores vivos de su entorno tropical. Comenzó a escribir durante su adolescencia en Siria, donde el choque cultural que experimentó fue tan abrumador que empezó a llevar un diario, manteniendo un debate continuo en un intento de comprender los trastornos en su vida.

A fuerza de pura intrepidez y determinación, superó enormes obstáculos para convertirse en una mujer de negocios bien educada y muy respetada en su campo. Como asesora de tendencias y predicción de color reconocida a nivel mundial, ha sido coautora de las primera y segunda ediciones de "Color Design: Theories and Applications", Diseño de color: teorías y aplicaciones, en 2012 y 2017, editado por Janet West.

Es autora de numerosos artículos relacionados con su industria y profesión para varias revistas de comercio y sitios web. También es una panelista de tendencias de color y ha contribuido al desarrollo creativo de varios libros de tendencias, incluyendo "NCS Colour Trends" en Suecia, "MoOD Inspirations" en Bélgica, y "Mix Magazine" en el Reino Unido.

Montaha tiene varios títulos avanzados, incluido un MBA, una maestría en negocios internacionales y una maestría en traducción. En 1991 se publicó su traducción al árabe del libro infantil francés "Badang l'Invincible, Les Contes du Griot", Badang el invencible, les cuentos de Griot, escrito en 1977 por Claude Duboux-Buquet.

Montaha actualmente reside en Guelph, en la provincia de Ontario en Canadá, con su esposo, Michael Richter, compositor, pianista e ingeniero de sonido.

Se puede conectar con Montaha a través de cualquiera de sus redes sociales:

www.montahahidefi.ca
www.facebook.com/montahahidefi
www.linkedin.com/in/montahahidefi
www.instagram.com/montahahidefi
www.twitter.com/colorfulmontaha

Designed by

www.ingramcontent.com/pod-product-compliance
Lightning Source LLC
Chambersburg PA
CBHW072329080526
44578CB00012B/585